JUSTIN BELLANGER

*Conservateur du Musée et de la Bibliothèque de Provins,
Membre de la Société des Gens de Lettres,
Lauréat de l'Académie française, de la Société des Études historiques,
de la Société nationale d'encouragement au bien, etc., etc.,
Officier de l'Instruction publique.*

Les Jacobins
peints par eux-mêmes

Histoire de la Société Populaire et Montagnarde de Provins (1791-1795)

Ouvrage honoré d'une subvention par le Conseil général de Seine-et-Marne

PARIS
ALPHONSE LEMERRE, ÉDITEUR
23, PASSAGE CHOISEUL, 23-33

M DCCCCVIII

Les Jacobins

peints par eux-mêmes

DU MÊME AUTEUR.

Trilles et Vocalises. 1 vol. in-18. . . . . . 3 fr.
Poésies Anciennes et Nouvelles. 1 vol. in-18. 5 fr.
Les Matinées Ballande. 1 vol. in-18. . . . . 1 fr.
Au Bourgneuf. 1 vol. in-18. . . . . 3 50
Histoire de la Traduction en France. 1 vol. 1 50
Mesdemoiselles de Chambrey. 1 vol. in-18. . 3 50
La Vie de Théatre. 1 vol. in-18. . . . . . . 3 50
Une Héroïne Champenoise. 1 vol. in-18. . . 3 50

Tous droits de reproduction et de traduction réservés pour tous les pays, y compris la Suède et la Norvège.

JUSTIN BELLANGER

Conservateur du Musée et de la Bibliothèque de Provins,
Membre de la Société des Gens de Lettres,
Lauréat de l'Académie française, de la Société des Études historiques,
de la Société nationale d'encouragement au bien, etc., etc.
Officier de l'Instruction publique.

Les Jacobins
peints par eux-mêmes

Histoire de la Société Populaire et Montagnarde
de Provins (1791-1795)

Ouvrage honoré d'une subvention par le Conseil général de Seine-et-Marne

PARIS
ALPHONSE LEMERRE, ÉDITEUR
23-33, PASSAGE CHOISEUL, 23-33

M DCCCCVIII

AVANT-PROPOS

La Bibliothèque de Provins possède deux registres inscrits au catalogue des manuscrits sous deux numéros distincts, mais qui, en réalité, ne font qu'un, puisqu'ils composent à eux deux la suite des procès-verbaux des séances de la Société populaire de Provins pendant la période révolutionnaire.

Cette société s'étant appelée successivement Société des Vrais Amis de la Constitution nouvelle, puis Société Populaire et Montagnarde, chacun des deux registres porte naturellement le nom que la Société portait à l'époque qu'il représente.

Ils forment à eux deux la série complète des procès-verbaux des séances de la Société populaire de Provins durant tout le temps de son existence.

Le premier de ces deux registres, intitulé Registre des Vrais Amis de la Constitution nouvelle, *commence le 1ᵉʳ janvier 1791 et finit le 30 frimaire an II, c'est à dire le 20 décembre 1793.*

Le second, *intitulé* Registre de la Société Populaire et Montagnarde de Provins, *commence le 3 nivôse an II (23 décembre 1793) et finit le 10 germinal an III (30 mars 1795).*

C'est proprement au dépouillement et à l'analyse de ce double recueil que j'ai consacré ce travail.

Publier in-extenso ces documents souvent oiseux, parfois insipides, m'eût paru dépasser le but au lieu de l'atteindre. J'ai pensé rendre au lecteur un plus réel service en lui offrant, à l'aide de ces pages vivantes, un tableau scrupuleusement exact de l'état des esprits dans une petite ville de province pendant la période révolutionnaire.

Puisse mon humble étude ajouter une pierre, si minime qu'elle puisse être, à l'édifice si laborieusement complexe de l'Histoire générale de la Révolution.

« Un seul homme ne peut suffire à explorer tant de sources si dispersées. Aussi, un tableau approfondi et complet de la France révolutionnaire est-il actuellement impossible à tracer. On peut du moins dépouiller un certain nombre de documents méthodiquement choisis et en tirer une sorte d'esquisse incomplète et provisoire, qui sera utile si on ne la donne que comme incomplète et provisoire, qui aidera d'autres travailleurs, et qui rendra possibles d'autres esquisses plus satisfaisantes. »

(A. AULARD. *Taine historien*, chapitre III.)

1791

La Société sollicite l'affiliation aux Jacobins de Paris et l'obtient. — Législation originale contre le duel. — Cérémonie en l'honneur de Mirabeau. — Projet de supprimer l'armée. — Projet de supprimer les officiers. — L'évêque Thuin à Provins. — Les cendres de Voltaire à Provins.

La première réunion de la Société populaire de Provins eut lieu au n° 487 de la *rue de l'Étape-au-Vin*, le 1ᵉʳ janvier 1791, l'an II de la Liberté reconquise.

La rue de l'*Étape-au-Vin* n'était autre que la rue actuelle de *la Cordonnerie**. Quant à ce numéro 487, il pourra surprendre quelques lecteurs. Je rappellerai à cette occasion que le numérotage des rues obéissait alors à un système très différent du nôtre. Les numéros ne formaient pas de séries distinctes répondant à telle et telle rue. Ce n'étaient pas celles-ci qui

---

* Voir à la Bibliothèque de Provins : 1° *Rivot*, t. VI, f° 1011 ; 2° *Ruffier*, manuscrit 95 (37), f° 357 ; 3° Nomenclature des rues de Provins, par *Privé*, greffier ; 4° les titres de propriété de la maison occupée aujourd'hui par l'étude de M. Aubineau, notaire.

étaient numérotées par maisons, c'était l'ensemble des maisons composant la ville qui se trouvait divisé en autant de numéros distincts qu'il y avait de maisons. L'hôtel de ville était pris pour point de départ; tous les numéros rayonnaient du centre à la circonférence. Le numéro le plus élevé indiquait le total des maisons de Provins.

Ce premier numérotage de la ville de Provins remontait à une date encore bien récente, exactement au 24 novembre 1769.

A titre complémentaire je citerai, à la date du 6 octobre 1791, un arrêté du « *conseil général de la commune* pour le numérotage des maisons, l'inscription du nom des rues aux quatre coins, et les noms à donner à celles qui n'en ont pas ou dont le nom est ignoré, après avoir consulté les titres de propriété et la *mémoire des anciens,* afin de conserver autant que possible à chaque rue le nom qui lui est propre ».

(Voir *Archives municipales de Provins.*)

Le procès-verbal de la première séance, ou n'a pas été rédigé, ou n'a pas été conservé sur le registre. Mais, par celui de la réunion suivante, nous apprenons qu'elle fut présidée par

Lambert, cordonnier, comme président d'âge. Elle fut remplie entièrement par la lecture et par l'approbation du projet de règlement élaboré par les fondateurs. Ce document porte en effet la date du 1ᵉʳ janvier 1791, et il est inscrit sur le registre immédiatement avant le premier procès-verbal.

Le premier acte de la Société fut nécessairement de constituer son bureau.

Dans la séance du 9 janvier, le scrutin ayant été ouvert à cet effet donna les résultats suivants :

Nombre de votants : 14.

Sont élus :

    Président : Arpin, avec 9 voix.
Vice-Président : Berthelin. *Secrétaire* : Colmet.

Voici les noms des votants, c'est-à-dire des Provinois que nous devons regarder comme les fondateurs de la Société :

Arpin, négociant.	Gergonne, arpenteur.
Berthelin, cordonnier.	Guillard.
Bénard.	Lambert, cordonnier.
Billy, menuisier.	Lefèvre.
Bousset, boulanger.	Moreau, cordonnier.
Beaujeu, cordonnier.	Marniot.
Colmet, notaire.	Pot-de-Vin, mᵈ de vin.
Donnavy.	Varin, limonadier.

On remarquera que le nombre des soussignés est de 16, tandis que celui des votants n'est que de 14. Il est vraisemblable que, par convenance, les deux personnes désignées d'avance au choix des électeurs pour les places de président et de vice-président se seront abstenues.

La Société, à peine constituée, a pour premier soin d'envoyer à la *Société des Amis de la Constitution* de Paris, dite des *Jacobins*, une adresse pour solliciter d'elle le bienfait de l'*affiliation* et pour se placer sous sa tutelle.

Toutes les pièces concernant cette démarche figurent en vedette aux premiers feuillets du registre. Les voici textuellement reproduites, et dans leur ordre :

1° *Lettre par laquelle la nouvelle Société provinoise demande son affiliation à la Société de Paris :*

« Messieurs,

« Une Société des *Vrais Amis de la Constitution nouvelle* vient de s'établir en cette ville, le 1ᵉʳ janvier, présent mois, l'an III de la Liberté reconquise (1791).

« Les membres, zélés admirateurs de vos travaux, et pleins de ferveur, ont jurés *(sic)* de maintenir de tout leur pouvoir les décrets de l'Assemblée nationale accepté ou sanctionné par le Roy, de répandre jusqu'à la dernière goutte de leur sang pour le soutien de la Constitution et le maintien de l'ordre.

« Ils désirent, messieurs, être affiliés à votre Société dont ils reconnaissent la justesse des principes *Égalité et Liberté*, comme de *vivre libre ou mourir* est leur devise et la base de ralliement.

« Par leurs serments, les amis se sont engagés encore à dénoncer toutes prévarications qui leur seront connues, et tous individus qui pourraient porter atteinte aux décrets de l'Assemblée.

« Nous nous flattons, messieurs, que la liaison intime qui va nous unir établira entre vous et nous une corespondance instructives et que vous voudrez bien regarder favorablement les vœux et les hommages de vos vrais amis et frères de la Société de Provins. »

(Suivent les signatures.)

Noté en bas : *Parti le 2 1ᵉʳ 1791*.

2° *Réponse favorable de la Société parisienne des Amis de la Constitution (Jacobins) à la Société de Provins :*

« Messieurs,

« La Société des Amis de la Constitution a reçu la lettre par laquelle vous lui proposez une affiliation qui la flatte infiniment. Le devoir des bons citoyens est de former une sainte coalition pour le maintien de la Constitution. Nous voyons avec plaisir le zèle qui vous anime. Réunis pour le bonheur de la patrie, nous triompherons des obstacles, et la France devera son repos et sa tranquilité à l'union étroite des Amis de la Constitution, qui dans les différentes parties de l'Empire ne formeront bientôt qu'un même tout animé du même esprit et du même patriotisme.

« Je me félicite de me trouver l'interprète des sentiments d'estime et de fraternité que nous vous vouons à jamais et dont nous vous prions d'agréer l'assurance la plus sincère. »

3° *Discours prononcé par le sieur* LE BERTON *au nom de la Société des Amis de la Constitution fondée à Provins pour demander l'affiliation à celle de Paris.*

« Monsieur le président, Messieurs,

« Au moment où les Français viennent de recouvrer leur liberté et de faire une nouvelle constitution, l'Assemblée nationale a cru qu'il était de sa sagesse de saisir cette occasion pour authoriser (sic) les vrais patriotes à se réunir et à former des sociétés sous la dénomination de *Sociétés des Amis de la Constitution*.

« Votre patriotisme, messieurs, vous a portés à donner l'exemple à toute la France en vous

---

* LE BERTON (Jacques-Denis-Louis) fut une des plus curieuses figures militaires de la Révolution et de l'Empire. Il s'engagea en 1791, et c'est ce qui explique pourquoi son nom disparait presque aussitôt de la Société populaire. Il passa au bout de peu de temps aux *Hussards de la Mort*, et après une carrière assez tourmentée, absolument héroïque, fut fait général de brigade par Napoléon, en 1814, à la suite d'une charge conduite par lui devant Reims. En 1840, ce fut le général Le Berton qui eut l'honneur de porter l'épée de l'Empereur à la cérémonie du transfert des cendres de Napoléon aux Invalides.

réunissant les premiers dans cet endroit pour déconcerter les abominables complots que les ennemis de la Constitution n'ont jamais cessé de faire pour détruire ou retarder les sages et pénibles travaux des représentants de cette nation. Un exemple si généreux a été imité par une infinité de villes du royaume.

« Soyez convaincus, messieurs, qu'il y a longtemps que la ville de Provins désire aussi vous suivre dans la route du civisme. Mais, messieurs, l'aristocratie, ce monstre acharné à faire le malheur de la France, a tant de fois contrecarré les patriotes de cette ville, que ce n'est qu'après avoir évité une infinité d'écueils qu'ils sont parvenus à se réunir (en petit nombre, il est vrai) pour former une *Société d'Amis de la Constitution*.

« Ce coup de hardiesse de la part des patriotes provinois leur donne la perspective flatteuse que l'avenir leur procurera la plus douce satisfaction de faire des prosélites et d'augmenter leur société. C'est alors, messieurs, qu'ils se croiront heureux, mais leur bonheur ne serait parfait s'ils étaient privés de l'honneur de vous être affiliés et unis par des liens sacrés, par votre patriotisme et le leur.

C'est pour parvenir à cette affiliation qu'ils désirent ardemment, que je suis chargé d'avoir l'honneur de vous présenter leur supplique.

« Daignez donc, messieurs, jeter un regard fraternel sur les patriotes Provinois en les affiliant à votre respectable société, et, au nom de cette fraternité si chère à des Français, daignez établir, avec la Société de Provins, une correspondance que l'amour de la patrie fait désirer.

« Recevez dès à présent, messieurs, par mon organe, l'assurance de la plus vive reconnaissance de la part de cette nouvelle *Société d'Amis de la Constitution*, au nom de laquelle j'ai l'honneur de vous adresser la parole.

4° *Réponse de M. Charles Lamettre (Lameth), président du Club des Jacobins, au discours de M. Le Berton de Provins.*

« Monsieur,

« La Société saisira toujours avec empressement l'occasion de donner à ses frères des témoignages d'une sincère amitié. La demande que vous faites au nom de ceux qui composent la *Société des Amis de la Constitution de Pro-*

vins, pour être affiliée, lui est extrêmement agréable. Le patriotisme et le zèle qu'ont mis ces vrais amis de la Constitution à surmonter les obstacles que les ennemis de la Révolution ont pu leur faire éprouver pour empêcher leur réunion, doivent lui être de sûrs garants que cette Société n'aura jamais rien de plus à cœur que de serrer de plus en plus les liens fraternels qui nous les unit à elle, comme de vrais amis de la Constitution doivent l'être.

« La Société charge les commissaires d'établir l'affiliation par vous demandée, et de laquelle ils vous remettront une expédition.

« Vous êtes, monsieur, invité d'assister à la séance et de déposer vos pièces sur le bureau. »

Tout d'abord, il est intéressant de constater que parmi les membres de la Société beaucoup appartiennent à la classe bourgeoise et même au clergé. A côté des tailleurs et des cordonniers, des aubergistes, des limonadiers et des marchands de vins, nous relevons les noms de Copin, curé, de Tondeur, curé, de Désert, vicaire, de Pichon, curé, de Lambert, curé, de Trépagne et d'Aubry, bourgeois, de Michelin, imprimeur. On le voit, presque toutes les classes de la société se trouvent réunies fraternellement aux séances de la rue de *l'Étape-au-Vin*. La fusion y paraît complète.

Ce qui frappe particulièrement, c'est cette affluence de prêtres dans la Société. Cela prouve tout au moins que, à cette date de la Révolution, non seulement le clergé était partisan des idées nouvelles, mais encore le peuple n'était nullement hostile au clergé.

On se tromperait grossièrement si l'on supposait un instant que l'affiliation aux Jacobins dût rester pour la Société provinoise à l'état d'alliance platonique. Au bout de peu de jours les consultations et les échanges d'idées entre la société mère et sa fille se succèdent avec rapidité.

Le 19 janvier, dénonciation de la Société de Provins à celle de Paris contre les officiers du district. Ceux-ci se sont rendus coupables d'une négligence en n'envoyant pas à la commune de Gouaix les affiches de vente des biens du clergé. On les désigne tous par leur nom et on expédie aux Jacobins copie du *certificat (sic)* qui établit le fait.

A la séance suivante (23 janvier), on décide qu'une adresse sera envoyée aux Jacobins pour dénoncer à ceux-ci que la ville de Provins manque des armes nécessaires à sa défense en cas de besoin.

A la même séance, une idée géniale illumine le cerveau d'un sociétaire. Considérant que depuis le commencement de la Révolution il y a désunion entre la garde nationale et les troupes de ligne, cet ingénieux Provinois pense que le moyen de remédier à ce regrettable état de choses serait bien aisé. Il s'agirait tout bonnement de donner à la troupe de ligne et à la garde nationale *le même uniforme*. La Société approuve l'idée et décide qu'elle sera suggérée aux frères de Paris.

Mais un incident plus mémorable que cette bouffonnerie signale cette séance. Je transcris le passage du procès-verbal sans y rien changer, pas même l'orthographe :

« La Société des Amis de la Constitution de Provins, lecture faite d'une déclaration de l'Evêque de Meaux sur les décrets consernant la constitution civile du clergé, dont plusieurs copie lui ont été remys, a voué le susdit imprimé à lexécration publique ainsie que son auteur, comme tendant à soulever les peuples et contraire au bon ordre et aux principes de notre susdite constitution, que l'un de ses imprimé soit annexé au liasse des renseignements de la Société et l'autre lassérée et brulée par les amis de la Constitution assemblé ce jourd'hui 8 heures du soir, et sera le présent procès-verbal envoyé à monsieur le Président des Jacobins pour lui en faire part à nos frères si le juge à propos, et ont signé... »

(Suivent 15 signatures.)

La question des *armes* est de celles qui préoccupent le plus vivement les patriotes provinois. Depuis les premiers jours de la Révolution ils ne cessent d'en demander. Mais la *municipalité aristocrate* met toutes sortes de bâtons dans leurs roues. Il faut encore dans cette occasion que l'intervention des frères de Paris vienne en aide à ceux de Provins.

« Tous nos ennemis sont armés; nous sommes sans armes. Faites-nous envoyer des armes et des munitions, et veillez bien à ce que les cartouches soient de calibre! »

Les décrets de l'Assemblée et toutes les pièces officielles subissent des retards dans leur envoi et ne parviennent jamais assez vite au gré de l'impatience patriotique des sociétaires. Adresse à ce sujet sera envoyée aux Jacobins. Remarquons en passant que, si toutes les sociétés affiliées aux Jacobins de Paris sont aussi exigeantes que celle de Provins, la correspondance des Jacobins parisiens doit être bien chargée.

Qui se serait jamais attendu, en ouvrant ce registre, à y rencontrer un projet complet de *législation contre le duel*? Telle est pourtant la surprise que nous réservent ces pages. Plusieurs des articles de ce code nouveau méritent d'être signalés.

« Tout individu convaincu d'avoir tué un homme en duel, soit qu'il l'ait provoqué, soit qu'il ait été provoqué par lui, sera *puni de mort*, et, comme tous les citoyens sont militaires, ces condamnés à mort seront fusillés par un peloton d'exécution composé par voie du sort entre les citoyens.

« Tout individu provoqué en duel est tenu d'en faire immédiatement la déclaration à la municipalité du lieu.

« Tout individu convaincu d'avoir servi de témoin dans un duel sera marqué à la joue T. D. significatifs des deux mots *Témoin Duel* (sic). »

20 février. — Voté une adresse à l'Assemblée nationale pour demander *la nomination des officiers de la garde nationale par le peuple.*

Voté une adresse à l'Assemblée nationale pour demander que *les obsèques* soient désormais uniformes, *égales* pour les pauvres et pour les riches.

Voté une adresse à l'Assemblée nationale pour, de concert avec la Société de Marseille, demander *l'égalité dans le partage des successions* et *l'unification des lois civiles.*

Par décret en date du 30 novembre 1790, sanctionné le 10 décembre suivant, *un tribunal de commerce* a été établi à Provins. Or, ce décret n'a pas encore été envoyé à la ville à la date du 20 février 1791. Pourquoi ce retard? Deux lettres seront adressées à ce sujet, l'une à l'Assemblée nationale, l'autre au garde des sceaux.

Deux graves délits signalés par la Société :

1° La maison des *Filles-Dévotes* (ou Congrégation) a encore sur ses portes d'entrée des *armoiries.* Invitation à les enlever.

2° L'église de *Sainte-Colombe* conserve encore autour de ses murailles une *ceinture funèbre* chargée des *armoiries* des ci-devant seigneurs de l'endroit. Invitation à cette commune à faire disparaître les traces de la tyrannie sous peine de passer pour regretter le régime disparu et pour ne pas aimer la Constitution.

24 février. — Très curieuse motion. On demande à l'Assemblée nationale de décréter que tout Français s'expatriant pour plus d'une année et jouissant d'un revenu de plus de 4.000 francs, s'il ne justifie pas des raisons de son absence, ait à payer le quart de son revenu au profit de la nation.

Adresse à la municipalité de Provins pour que, conformément à l'article 58 du règlement sur l'organisation des municipalités, elle publie, comme doivent le faire toutes les villes ayant plus de 4.000 habitants, ses comptes de recettes et de dépenses *imprimés*.

27 février. — On décide que désormais il n'y aura plus que deux séances par semaine.

2 mars. — Les finances ne sont pas brillantes. En recette 51 livres 6 sols, en dépense 36 livres 15 sols, solde en caisse 14 livres 10 sols.

13 mars. — On demandera à la municipalité la permission de transporter la salle des séances

dans une salle du couvent des R. P. Cordeliers. Le 20 mars la municipalité consent.

20 mars. — Les curés sont tenus par la loi de lire au prône les décrets de l'Assemblée concernant le culte. Ils s'y refusent obstinément. La Société informe la municipalité de cet état de choses et l'invite à faire respecter les décrets.

23 mars. — La Société adresse à la municipalité une demande pour que le *Te Deum* soit entonné par le plus ancien curé de la ville.

La Société est en relations avec les sociétés similaires de Marseille, Angers, le Mans, Versailles, Clermont-Ferrand, Lorient, Metz, la Rochelle, Grenoble, Sézanne, Arras, Caen, Avignon, Toulon, Rochefort, Agen.

27 mars. — Le curé de Soisy nouvellement reçu éprouve le besoin de monter à la tribune pour y pérorer sur *les Droits de l'Homme.*

Le citoyen Michelin monte à son tour à la tribune et demande que désormais à la fin de la messe on chante :

Domine, salvam fac gentem !
Domine, salvam fac legem !
Domine, salvum fac regem !

On décide qu'un *Te Deum* pour le rétablissement de la santé du roi sera chanté à Saint-Ayoul par M. Tondu, curé de Soisy, membre de la Société, et que seront invités à y assister tous les ecclésiastiques fonctionnaires publics et toutes les autorités. Illumination de la salle des séances.

6 avril. — Une motion originale. Quelqu'un demande que les rois de France ne puissent désormais s'allier qu'à des Françaises.

Un membre plus sensé exprime l'opinion que le roi ne saurait être privé du droit de se marier à la femme qui lui plaît.

On arrête que la Société portera pendant huit jours le *deuil de Mirabeau* (2 avril 1791).

10 avril. — Le curé de Soisy paraît se faire une spécialité de l'explication des *Droits de l'Homme*. Il se taille un nouveau succès en traitant ce sujet pour la seconde fois.

14 avril. — Gros incident. La cérémonie en l'honneur de *Mirabeau* a été ordonnée par la municipalité avec une pompe magistrale. La Société populaire avait été invitée à prendre rang dans le cortège officiel. Par malheur, au moment de la formation du cortège, en sortant de l'hôtel de ville où elle s'était rendue, elle

éprouve une humiliation. Elle est victime d'une question de préséance. On passe devant elle ! Elle se juge offensée et se retire.

20 avril. — L'affaire de l'insulte pour la question de préséance à la cérémonie de Mirabeau a des suites. La Société a dénoncé l'offense aux Jacobins parisiens; elle l'a dénoncée en même temps à l'Assemblée nationale elle-même. Tout cela paraîtra excessif. Mais ce qui le paraîtra davantage encore, ce sera le résultat de cette double dénonciation. Le lieutenant de gendarmerie, dont les cavaliers avaient — paraît-il — tenu quelques propos inconvenants pour la Société populaire, fait des excuses à la Société.

4 mai. — Un procédé excellent est adopté. Pour voter on se servira désormais de pois (sic) ou blancs ou rouges. Le rouge dira *non*, le blanc dira *oui*. Très pratique, surtout pour des gens dont un certain nombre ne savent ni lire ni écrire.

11 mai. — La Société de Caen soumet à l'approbation de sa sœur provinoise une motion assez originale et qui contraste singulièrement avec les nécessités et avec l'esprit de la France révolutionnaire. Elle propose purement et sim-

plement la *suppression de l'armée*. Elle prend bien son temps.

16 mai. — On lève la séance, faute de membres en nombre suffisant.

25 mai. — La Société de Cherbourg soumet à l'approbation de sa sœur provinoise une curieuse adresse qu'elle envoie à l'Assemblée nationale :

« Considérant que l'incivisme des officiers des troupes de ligne est grandement reconnu ; que la plus grande partie d'entre eux se montrent à toute occasion les plus grands ennemis de la Révolution ; considérant, en outre, combien il est dangereux qu'ils demeurent plus longtemps à la tête des forces de l'État ; qu'il est à craindre qu'ils n'abusent des droits de leur supériorité, et que, en cas d'une invasion des ennemis, ils n'allassent se joindre à eux et plongeassent ainsi l'État dans le plus grand désordre ; la Société a arrêté, en conséquence, qu'il serait fait à l'Assemblée nationale une adresse pour demander :

« 1° Le *licenciement des officiers des troupes de ligne;* 2° que ceux nommés à leur place d'après le nouveau mode que l'Assemblée aura adopté dans sa sagesse, seront tenus de prêter serment entre les mains des officiers civils et signer le procès-verbal de la dite prestation. »

26 mai. — La Société, réunie en séance extraordinaire, arrête qu'une députation de 17 membres sera envoyée pour se joindre aux autorités et aux corps constitués dans la cérémonie de la réception de *monseigneur l'évêque constitutionnel Thuin* à son arrivée à Provins.

29 mai. — L'évêque *Thuin* a été reçu par les autorités et par la Société avec tous les honneurs dus à sa dignité. En sa qualité de membre de la Société jacobine de Meaux, il a rendu visite à la Société jacobine de Provins. Celle-ci a été très contente de son attitude. Une adresse est envoyée à l'Assemblée nationale, aux Jacobins de Paris et à la Société de Meaux pour relater le fait. Voilà un évêque qui ne manquera pas de certificats de bonne conduite.

8 juin. — Une anecdote qui serait négligeable si elle ne prouvait pas à quel point les puissances légales commençaient à subir la domination de la Société.

Au milieu de la séance, un membre arrive du dehors. Il annonce qu'un bien triste événement vient de se produire en ville. Un perruquier a reçu un coup de fusil. Il est grièvement blessé. Le coup a été tiré par le ci-devant doyen du ci-devant chapitre de Notre-Dame. Accident ou crime, on ne sait. Le public, naturellement, accuse le ci-devant de préméditation. La Société populaire n'hésite pas à partager ce sentiment, disons cette conviction. Elle somme l'accusateur public de s'occuper immédiatement de l'affaire. Le magistrat est assez faible pour se mettre aux ordres de la Société et pour l'inviter à lui envoyer les noms et prénoms des témoins. La Société dresse à la hâte cette liste et la lui envoie.

14 juin. — La Société, qui est établie au couvent des Cordeliers depuis le 17 mars, s'y trouve un peu trop à l'étroit. Elle a demandé à la municipalité l'autorisation de s'installer dans une salle basse de Notre-Dame-du-Val pour ses séances de la semaine, et dans l'église elle-même pour ses séances publiques des dimanches. Le 14 juin, la permission lui est accordée. Elle n'avait donc habité les Cordeliers que durant trois mois.

20 juin. — On nomme une commission pour prier la municipalité de demander aux *Oratoriens* qu'ils veuillent bien consentir à enseigner aux enfants de la ville les premiers principes

du latin, et en même temps les *Droits de l'Homme*.

La Société populaire de Rochefort met en avant et communique à la Société de Provins une idée nouvelle. Il s'agirait de venir en aide à l'État en lui procurant des troupes qui ne lui coûteraient pas d'argent. Voici le projet. On ouvrira une souscription pour lever et organiser des gardes nationaux destinés à renforcer l'armée active. Tous les Français qui, pour un motif quelconque, ne pourront pas marcher devront payer une somme d'argent destinée à payer ceux qui marcheront. C'est, sous une forme enfantine, la première idée du système du rachat.

20 juin. — La Société se trouve un peu à l'étroit dans le local que la municipalité lui a permis d'occuper au ci-devant couvent des Cordeliers pour ses séances. Elle prie la municipalité de vouloir bien mettre le comble à sa gracieuseté en l'autorisant à occuper, en outre, une autre salle destinée aux séances du Comité.

6 juillet. — Grande préoccupation provinoise :

Un décret de l'Assemblée nationale du

30 mai 1791 ouvrait au Panthéon les cendres de Voltaire.

La translation des cendres de Voltaire de l'abbaye de Sellières, près Romilly en Champagne, à Paris, fut l'occasion de fêtes nationales sur tout le parcours.

Provins fit à Voltaire une réception magnifique (7 juillet 1791). Dès le matin, un piquet de cavalerie alla au-devant de lui sur la route de Sourdun et lui fit escorte. Les officiers municipaux, les membres du conseil de la commune, ceux du directoire du district de Provins et une députation du directoire du département, sans compter les délégués de la Société populaire, allèrent le recevoir à la *porte de Changis*.

Là on prononça de nombreux discours. Une circonstance faillit gâter la fête. Le char funèbre se trouva trop haut pour la porte et ne put passer. On fut forcé de le faire cheminer, vraisemblablement avec quelques difficultés, *par les dehors* (le long de la fausse rivière), et de le faire entrer en ville par la porte *des Bordes*. Cette partie du boulevard extérieur prit alors le nom de *boulevard Voltaire*, qu'il garda longtemps. On peut regretter qu'il ne l'ait pas conservé toujours en souvenir de l'événement.

Le lendemain, 8 juillet, le char funèbre, qui avait passé la nuit devant la maison de ville, se remit en marche avec la même pompe et se dirigea sur Nangis, où il reçut un accueil non moins patriotique.

Le rôle de la Société populaire dans cette grande solennité fut le suivant :

La municipalité de Paris avait envoyé à Provins à cette occasion un de ses membres, le sieur J. *Charron,* ancien président de la fédération.

Ce personnage officiel fut reçu en séance avec tous les honneurs auxquels il avait droit. Il prononça un discours auquel deux membres répondirent tour à tour. Puis on arrêta qu'une députation de la Société accompagnerait le corps.

Enfin on obtint du sieur Charron la promesse qu'il ferait insérer son discours à la suite du procès-verbal de la translation des cendres du grand homme. Le sieur Charron accorda cette faveur à la société, et, par politesse exquise, demanda les discours des deux membres qui lui avaient répondu, afin de joindre ces discours au sien. Très bien élevé, le sieur Charron.

Il est bon de noter ici une particularité assez piquante. C'est que, treize années auparavant, le corps de Voltaire avait déjà traversé Provins, mais dans le sens inverse. On sait comment, à la suite de tracasseries de la part du clergé, le neveu de Voltaire avait été amené à transporter le cadavre de son oncle à l'abbaye de Sellières. Avec beaucoup d'habileté le mort embaumé fut fixé dans l'un des coins d'une chaise de poste et y fut installé de manière à figurer un voyageur vivant. Ce fut dans cet état qu'il passa à Provins le 1er juin 1778. L'abbé Pasques, qui était alors âgé de trente-quatre ans, affirme dans son Histoire manuscrite de Provins avoir *vu* le cadavre de Voltaire « vêtu d'une robe de chambre et coiffé d'un bonnet de nuit ».

Bien que je laisse à l'abbé Pasques, historien de Provins, toute la responsabilité de cette anecdote, néanmoins je dois reconnaître que son récit n'est nullement en désaccord avec celui des biographes de Voltaire. Je transcrirai notamment les lignes suivantes que j'emprunte à *la Vie de Voltaire*, ouvrage anonyme paru à Genève en 1787 et qui a pour auteur *l'abbé du Vernet.*

« On pouvait, dit l'abbé, contraindre le curé

de Saint-Sulpice à inhumer Voltaire, qui, né dans le christianisme, n'avait jamais dans le cours de sa vie rompu aucun des liens extérieurs par lesquels un catholique tient au giron de l'Église. Nulle censure ne l'en avait séparé. Mais on soupçonna que le jeune curé ne cherchait qu'à faire un éclat pour se donner de la célébrité, et l'on ne voulut pas lui en laisser le plaisir. La prudence des philosophes prévint le zèle des prêtres. On embauma le corps de Voltaire ; on obtint un ordre pour le faire sortir de Paris, et, pendant la nuit, on le porta dans une chaise de poste chez les religieux de Sellières, dont son neveu était abbé. »

Ces détails précis semblent confirmer la justesse des souvenirs de l'abbé Pasques.

20 juillet. — La Société populaire de *Saint-Denis* (près Paris) voudrait que chaque district se chargeât de fournir à l'armée deux canons. Le ministre de la guerre préférerait peut-être à ces canons-là l'argent nécessaire à les fabriquer.

7 août. — Les prêtres non assermentés ou réfractaires se réunissent au couvent *de la Congrégation*. Il faut les mettre en demeure de prêter le serment, puisqu'ils sont fonction-

naires. On envoie une adresse à ce sujet à la municipalité.

Un petit malentendu qui prouve avec quelle sotte exagération la Société de Provins monte la garde autour des décrets de l'Assemblée nationale. Dans les bois d'Armainvilliers, on confectionne des piquets de tentes pour l'État. Par erreur, les habitants d'Ozouer-la-Ferrière, commune voisine, ont cru devoir arrêter des chariots chargés de ces piquets. Informations prises, les chariots ont été relâchés. A cela se bornait l'affaire. Mais la Société populaire de Provins prend feu là-dessus, et elle envoie à ce sujet une adresse terrible à la municipalité pour dénoncer cet attentat.

19 octobre. — Les Oratoriens, insensibles à l'adresse de la Société, n'ont pas répondu. Peut-être se sont-ils dit : « De quoi se mêlent ces gens-ci ? Ce n'est pas leur affaire. » On décide qu'une députation leur sera envoyée. On y tient.

Dans toute société, la question qui prime toutes les autres, c'est la question des finances. Depuis quelque temps les recettes sont en souffrance. Chacun se refuse à l'obligation patriotique, dès que, au lieu de paroles, il s'agit de cotisation. Une mesure radicale est prise. On enverra aux sociétaires un avis pour les mettre au pied du mur : « Oui ou non, voulez-vous payer? Si oui, vous restez des nôtres; si non, vous êtes rayé. On vous laisse jusqu'au 1er novembre pour réfléchir. »

Langage clair.

22 octobre. — Un peu de gâchis. Le citoyen Varin, trésorier, n'en veut plus, décidément. Comme on le suppose aisément, il est las de réclamer toujours des cotisations à des patriotes qui ne veulent jamais les payer.

1er novembre. — Conformément à l'ultimatum lancé le 19 octobre contre les membres qui ne veulent pas répondre aux appels du trésorier, tous les récalcitrants sont déclarés déchus et cessent d'appartenir à la Société. Un nouveau tableau des sociétaires sera établi.

18 décembre. — Graves préoccupations relatives à la désertion des séances. On ne vient pas. Deux braves sociétaires se dévoueront et iront à domicile réchauffer le zèle des frères et tâcher de ramener au bercail ces brebis qui s'égarent.

19 décembre. — On redoute un danger. Il est question de supprimer deux paroisses. Dans

le cas où celle de Sainte-Croix serait supprimée, des troubles sont à craindre. On écrit aux Jacobins. C'est le grand recours. Les Jacobins appelés à intervenir dans une affaire de cette nature, voilà une surprise à laquelle nous n'étions pas préparés.

A propos de ce projet de suppression de paroisses à Provins, je citerai les quelques lignes suivantes du *Décret de l'Assemblée nationale* en date du 28 février 1792 (an IV de la Liberté) et promulguée par *Louis, roi des Français* par la grâce de Dieu et par la loi constitutionnelle :

ARTICLE PREMIER. — Il y aura, pour la ville de Provins, une seule paroisse qui sera desservie sous le nom et dans l'église de Sainte-Croix. Les autres paroisses sont et demeurent supprimées, et ce conformément à l'article 15 du titre Ier de la loi sur la constitution civile du clergé.

ART. 2. — La ville de Provins étant divisée en deux parties inégales et leur position rendant les communications entre elles très difficiles et souvent périlleuses, les églises de Saint-Quiriace et de Saint-Ayoul seront conservées comme succursales. Le ressort de chacune desdites succursales aura pour limites celles que le directoire du département a proposées dans son arrêté, lequel arrêté restera annexé au présent décret...

(Suit l'extrait du registre des délibérations de l'Assemblée directoriale du département de Seine-et-Marne.)

Quelqu'un propose de modifier le nom de la Société. Il exprime le vœu qu'elle s'appelle désormais *Société constitutionnelle*. Solution ajournée.

1792

Règlement de la Société. — Pierre Désert. — Christophe Opoix député de Provins ; son discours.

8 mai 1792. — Quatre mois d'intervalle entre la dernière séance et celle-ci.

Une lettre des administrateurs du district, en date du 26 avril, constate que la Société est en butte aux agissements de ses ennemis et qu'on cherche à la dissoudre. Du reste, on lui souhaite bonne vie.

8 mai. — Une lettre adressée par les Jacobins de Paris à un particulier de Provins lui demande des nouvelles de la Société. On s'inquiète à Paris de ce long silence. La lettre est signée *Clavière*. On voit par là : 1° que les Jacobins veillaient avec soin sur leurs affiliés ; 2° qu'ils entretenaient avec des particuliers une correspondance et des relations susceptibles de les éclairer sur ce qui se passait dans les socié-

tés jacobines de province. Il est clair que la Société de Provins était honnêtement espionnée par un honnête mouchard, peut-être inconscient.

7 juin. — Un innocent propose d'avancer les fonds nécessaires pour l'achat de 108 almanachs du *Père Girard*, destinés à être offerts aux 108 maîtres d'écoles du district, avec une lettre-circulaire les engageant à élever les enfants d'après ce catéchisme. Accepté.

10 juin. — La Société semble renaître à la vie. Comme un navire qui s'est allégé de son superflu pour faire face à la tempête, elle surnage et vogue sans nouvelles menaces. Les adhésions se succèdent rapidement.

Un nouveau règlement est adopté. Comme il a été publié rarement des règlements de sociétés populaires, je publierai celui-ci *in extenso* :

RÈGLEMENT

TITRE PREMIER

Article premier. — Tout citoyen pourra être admis à la Société, pourvu qu'il ait atteint l'âge de dix-huit ans accomplis, qu'il soit de bonne vie et mœurs et que ses opinions sur le gouvernement actuel ne soient pas suspectes.

Art. 2. — Nul ne pourra être admis s'il n'est annoncé par un des membres de la Société.

Art. 3. — L'admission ne pourra avoir lieu qu'après la présentation et qu'autant que l'assemblée sera composée des deux tiers au moins de ses membres, et, si elle ne l'était pas, le secrétaire sera tenu de la convoquer, en avertissant que c'est pour réception à la prochaine séance.

Art. 4. — Le jour indiqué pour la réception d'un candidat, son nom sera proclamé par le président et l'on procédera à son admission par la voix du ballottage, et il ne pourra être admis au serment qu'après avoir obtenu la pluralité absolue de tous les membres de la Société.

Art. 5. — Le serment sera ainsi conçu : « Je jure d'être fidèle à la nation, à la loi et au roi, de maintenir de tout mon pouvoir la Constitution du royaume décrétée par l'Assemblée constituante ès années 1789-90-91, de me rallier, dans un moment de calamité, aux drapeaux de la liberté pour la défendre et la maintenir, et de garder le secret le plus inviolable sur tout ce qui aura été dit ou lu dans les séances particulières. »

TITRE II

Article premier. — Il y aura un président, un vice-président, un secrétaire, un archiviste et un trésorier.

Art. 2. — Tous les dimanches et mercredis il y aura séance ordinaire à quatre heures *de relevée*.

Art. 3. — Le président sera élu à la pluralité absolue, et celui qui après lui aura obtenu le plus de suffrages sera vice-président. Le trésorier sera aussi élu à la pluralité absolue. Le secrétaire et l'archiviste seront élus à la pluralité relative.

Art. 4. — Les fonctions du secrétaire seront de rédiger les procès-verbaux et de convoquer les assemblées extraordinaires lorsqu'il en sera nécessaire.

Art. 5. — Les fonctions de l'archiviste seront de remplacer le secrétaire en cas d'absence, de l'aider et d'avoir soin des journaux et des autres papiers de la Société, et de les enregistrer par titre sur un registre à ce destiné.

Art. 6. — Le trésorier sera chargé du recouvrement de la contribution de chacun des membres et d'en rendre compte tous les mois au directoire.

Art. 7. — La contribution sera volontaire, mais ne pourra être moins de vingt sols en entrant et de dix sols pour chaque mois, moins les cas imprévus.

Art. 8. — Celui qui n'aura pas acquitté sa contribution huit jours après l'avertissement qu'il en aura reçu du trésorier, sera réputé avoir donné sa démission.

Art. 9. — Les président, vice-président et secrétaire ne pourront être élus que pour un mois. L'archiviste et le trésorier pour trois mois.

Art. 10. — La réélection ne pourra avoir lieu qu'après un mois d'intervalle.

TITRE III

Article premier. — Il sera établi un comité composé de 14 membres, lequel sera divisé en deux bureaux désignés sous le nom de *Comité de correspondance* et *Comité d'inspection*. Ce comité sera présidé par le plus ancien d'âge.

Art. 2. — Le Comité sera chargé du travail journalier de la Société. Il examinera les différents objets dont la Société doit s'occuper dans les séances, distribuera les rapports, et enfin s'assemblera toutes les fois qu'il se manifestera quelque danger ou quelque insurrection pour rallier autour de lui tous les membres de la Société.

Art. 3. — Les président, vice-président, archiviste et secrétaire et trésorier seront membres-nés du Comité.

Art. 4. — Toutes lettres ou paquets adressés à la Société seront remis au président qui n'en pourra faire l'ouverture qu'en présence de quatre membres au moins du Comité, et sera chargé d'en donner connaissance à la Société dans la séance qui suivra immédiatement la réception du paquet.

Art. 5. — L'assemblée ne pourra être convoquée extraordinairement sur des nouvelles reçues que lorsqu'il aura été jugé nécessaire par la majorité absolue des membres qui auront été présents à l'ouverture du paquet, que ce qui fait l'objet des nouvelles reçues est de nature à exiger promptement l'attention de l'assemblée.

Art. 6. — Le Comité ne pourra faire aucune réponse, qu'elle n'ait été préalablement lue, discutée et approuvée par la Société, arrêtée et consentie à la majorité absolue, et la réponse sera toujours signée par le président et par le secrétaire de la Société.

Art. 7. — Le Comité d'inspection sera chargé de tous les détails relatifs à la police des séances publiques et particulières.

Art. 8. — Tous les débats, toutes les contestations qu'on ne peut prévoir, mais qui pourront naître et subvenir relativement aux affaires de la Société, seront portés à ce Comité.

Art. 9. — Le Comité d'inspection sera aussi chargé de recevoir les étrangers qui pourront se présenter, de vérifier leurs lettres et de les introduire.

TITRE IV

Article premier. — Tout membre qui se sera absenté des séances pendant deux mois sans raisons légitimes jugées telles par l'assemblée, après avoir été entendu, sera réputé avoir donné sa démission.

Art. 2. — Il sera donné des lettres d'admission à chacun des membres de la Société, en cas de voyage, et celui à qui elles seront données sera tenu de les signer.

Art. 3. — Les lettres d'admission ne pourront jamais, et sous quelque prétexte que ce soit, être délivrées à aucun, qu'un mois après la réception, et qu'autant qu'il aura assisté à quatre séances.

Art. 4. — Le Comité sera renouvelé par moitié tous les deux mois, et le sort décidera de la sortie des sept premiers membres pour la première fois seulement.

Après la lecture de ce règlement, on passe au scrutin pour l'élection des 14 membres qui composeront le Comité. Voici leurs noms :

Pelet.	Feuillet.
Marchand.	Marniau.
Borsary.	Defienne.
Duduit Maizières *.	Simon.
Désert.	Berthelin.
Morin.	Harpin.
Cheverry Boudier.	Cheverry l'ainé.

lesquels ont signé au bas.

---

* Duduit de Maizières, né en 1727, était à ce moment âgé de 65 ans. Ce fut un écrivain qui ne manqua pas d'érudition et qui s'occupa presque exclusivement de recherches historiques sur le Théâtre.

Il mourut au mois d'octobre 1792, et par conséquent ne survécut que quatre mois à ce règlement qui porte sa signature.

17 juin. — Le 13 juin 1792 a eu lieu la destitution du ministre *Roland*.

La Société envoie à Roland une lettre pour lui affirmer que « cette destitution lui crée un titre de plus devant le tribunal de l'opinion publique, toujours juste et impartiale ».

Un an plus tard, au 31 mai 1793, il sera piquant de se souvenir de cette lettre et de la rapprocher de celle par laquelle la Société félicitera la Convention d'avoir délivré la République des *monstres fédéralistes*. C'est ainsi que dans toutes les occasions nous verrons la Société prompte à sceller de son approbation enthousiaste le fait accompli. Elle n'a qu'une morale, c'est celle de l'opportunité; elle n'a qu'une préoccupation, c'est de prouver à la Société mère que les Provinois se trouvent toujours à la hauteur des Parisiens.

29 juin. — On arrête que deux séances publiques seront tenues les 8 et 14 juillet.

On arrête qu'une couronne civique sera décernée au *meilleur patriote*.

4 juillet. — Une lettre sera adressée au maire de Paris (Pétion) pour le féliciter de sa *courageuse conduite du 20 juin dernier*.

10 juillet. — Séance extraordinaire.

La Société bien informée sait que demain *la Patrie sera déclarée en danger*. Elle arrête que, dès l'instant que cette déclaration aura été lancée par l'Assemblée, il y aura séance tous les jours à huit heures et demie du soir, et que la présence de quinze membres sera suffisante pour délibérer.

14 juillet. — *Fête de la Fédération*. La municipalité honore de sa présence cette réunion.

Le président remercie la municipalité de ce témoignage de sympathie.

Le citoyen Marniau monte à la tribune et prononce un discours pour la glorification du maire d'Étampes, et la Société, après l'avoir salué de ses applaudissements, arrête qu'elle adressera à tous les curés une circulaire *pour le recommander au prône des messes paroissiales*.

Un autre membre prononce un discours sur le *bonnet rouge* et sur l'*arbre de la Liberté*. On décide que ce morceau de littérature sera imprimé.

22 juillet. — Toujours des sociétaires en retard pour leur cotisation. C'est désolant. Il faut mettre un terme à cet abus. On fera un suprême appel aux mauvais payeurs et on procédera ensuite aux exécutions inévitables.

26 juillet. — D'après l'état exact dressé par le trésorier, la Société se compose aujourd'hui de soixante-dix membres actifs et de quatre honoraires, soldats citoyens du régiment.

Le nouveau président Defienne prononce un discours fort goûté sur *les avantages et les inconvénients du veto royal*.

29 juillet. — Nouveau discours du président Defienne. C'est décidément un président qui aime à parler. Cette fois il parle sur les *dangers de la patrie* et il exhorte les jeunes gens à s'enrôler. A la bonne heure !

Dans la même séance on entend un jeune poète lire une fable dont il est l'auteur. On voit par là que la Société varie ses plaisirs et qu'elle mène de front la politique et la littérature.

Ce jeune poète se nomme *Pierre Désert*. Il mérite une mention spéciale.

Pierre Désert, né à Provins en 1769, était alors âgé de vingt-trois années seulement. Il servit d'abord comme soldat, mais après la prise de Luxembourg (en 1795) il fut nommé juge au tribunal de cette ville. Après la chute de l'Empire, il fut maintenu dans ses fonctions. Il a laissé une *Histoire du Luxembourg*.

5 août. — Les deux sociétaires Rouge et

Désert annoncent la lecture prochaine d'un dialogue sur les suggestions perfides qu'on s'efforce d'accumuler contre la Société populaire.

On demande que les pères et mères des jeunes volontaires partis à l'armée soient secourus. Excellente pensée.

12 août. — On lit le décret portant suspension du roi, et tout le détail des événements du 10 août, c'est-à-dire *de la victoire remportée encore une fois par les défenseurs de la liberté et les mesures vigoureuses prises pendant ce temps d'orage par les ennemis du peuple.*

Une adresse de félicitations sera envoyée à l'Assemblée; et le duplicata de cette lettre sera envoyé à la Société mère. Croira-t-on que dans cette même séance, et après avoir écouté le récit de ces graves événements, la Société ait pu prêter l'oreille au jeune poète Désert, qui eut ce jour-là l'impudeur de lire une petite pièce de vers de sa composition sur le plus *frivole* sujet, sur un rêve dont il avait été hanté pendant son sommeil!

29 août 1792 (an IV de la Liberté, an 1 de l'Égalité). — Puisqu'il n'y a plus de roi, la vieille formule de serment est à renouveler. On

ne dira plus : *Je jure fidélité au roi;* on dira maintenant : *Je jure de maintenir la liberté et l'égalité et de mourir à mon poste.*

Grande nouvelle. Provins recevra prochainement des commissaires de l'Assemblée nationale. Séance tenante on nomme des délégués pour représenter la Société dans cette occasion.

1ᵉʳ septembre. — Des félicitations sont votées à *Christophe Opoix* pour sa nomination de député à la *Convention nationale.*

13 septembre. — Le nouveau député, *Christophe Opoix*, vient remercier la Société des félicitations qu'il a reçues d'elle. Discours naïf, mais, en résumé, honnête et digne. Je le reproduirai in extenso*.

*Discours de M. Opoix,
membre de la prochaine Convention (sic).*

« Messieurs,

« L'assemblée électorale de Seine-et-Marne vient de me porter au rang de représentant du peuple français à la *Convention nationale.* Vous m'avez honoré d'une députation pour me té-

---

* Christophe Opoix avait été élu par 202 voix sur 272. L'autre député de Provins était Vieuey, de Bray-sur-Seine, tailleur de corps pour dames (sic).

moigner que ce choix vous était agréable. Il est bien flatteur pour moi de penser que, à quelques égards, je crois n'en être pas indigne.

« Depuis 89 j'ai rempli des fonctions publiques, soit comme membre des comités, soit comme officier municipal, et dans toutes ces places j'ai toujours manifesté hautement mon amour pour la Révolution. Je ne suis donc pas de ces patriotes du 10 aoust.

« Quelque honorable qu'il soit d'être élevé au rang de représentant de la nation, je n'aurais pas accepté si la place n'eût été que glorieuse. Mais les fonctions en sont pénibles, délicates et périlleuses; mais la patrie est en danger, et c'est à cet instant que tout bon citoyen doit se montrer et s'empresser d'occuper le poste important que ses concitoyens lui ont confié.

« J'aurais refusé si je n'eusse considéré que la faiblesse de mes moyens et l'insuffisance de mes talents. Mais nous aurons assez d'orateurs, nous aurons assez d'hommes de génie. Ce qu'il faut désirer pour la Convention nationale, c'est une masse imposante de patriotes irréprochables, de gens incorruptibles, de défenseurs des droits du peuple, et sous tous ces rapports je crois pouvoir dignement remplir ma place.

« Enfin, j'aurais refusé si je n'avais consulté que mon goût pour la retraite et mon éloignement pour les places publiques. Mais ce n'est pas le temps de penser à son repos et à son bonheur privé.

« Un citoyen peut-il être heureux et tranquille quand son pays est menacé de retomber dans les fers? Quoique professant les principes des sociétés les plus patriotiques, je ne suis d'aucune, et, dans ce moment où je suis appelé à la Convention nationale, je veux encore moins m'attacher à des sociétés particulières, parce que je ne veux pas qu'on croie que mon opinion a été dirigée par une influence étrangère. C'est ma conscience qui doit déterminer mes actions. Nous n'en voyons pas moins de même, messieurs, et c'est dans votre sein que je viens faire, ou plutôt renouveler, le serment solennel de haïr les tyrans, les rois perfides et injustes, et soutenir au péril de ma vie les droits de l'homme, la liberté et l'égalité et la souveraineté du peuple français.

« En me rendant la justice de croire à la sincérité de mes paroles, n'en ayez pas moins, messieurs, les yeux attachés sur moi. Que votre surveillance ne me perde jamais de vue! Rappelez-moi mes devoirs si je semblais les oublier, et, si j'avais le malheur de trahir les droits sacrés du peuple, faites révoquer mes pouvoirs, faites rappeler un mandataire infidèle qui aurait abusé de la confiance de ses commettants et sacrifié sa patrie.

« Mais si dans la nouvelle carrière qui va s'ouvrir devant moi je marche constamment et d'un pas ferme au but que tout Français doit se proposer, alors je viendrai vous demander la récompense de mon patriotisme. Rendu à la vie privée, je vous demanderai d'être admis au nombre de vos membres. Après avoir siégé avec les représentants de la nation, il me sera doux de m'asseoir paisiblement au milieu de vous et de savourer ensemble les fruits de la Liberté et de l'Égalité. »

On voit que le représentant Opoix avait été sollicité pour entrer dans la Société, et qu'avec beaucoup d'habileté il se dérobait à cet honneur.

27 septembre. — *Le curé Lambert* propose d'envoyer à la Convention une adresse de félicitations pour l'*abolition de la royauté* (21 septembre 1792). Adopté.

30 septembre. — Je relève à cette date une surprenante proposition de la Société d'Angers. Cette société, qui mérite d'être signalée pour sa hardiesse et pour l'indépendance de ses opinions, sollicite purement et simplement *un décret d'accusation* contre *Marat, Danton, Robespierre* et *Camille Desmoulins*.

Aucune réflexion n'est hasardée. On écoute avec stupeur. En silence, on passe à l'ordre du jour.

Le curé Pichon prononce un discours genre Montesquieu. Il compare entre elles les diverses formes de gouvernement. Il donne la préférence à la république.

10 octobre. — Un volontaire du bataillon de Lisieux, membre de la Société de cette ville et admis à l'honneur de la séance, demande et obtient la parole. Il soutient la nécessité de la subordination et de la discipline militaires et démontre que sans elles une armée ne peut exister. Bravo! Il serait à souhaiter que tous les orateurs du club provinois fussent aussi bien inspirés que celui-ci.

27 octobre. — On agite la question du divorce. On en pèse les avantages et les inconvénients.

De novembre au 23 décembre. — Séances dépourvues d'intérêt. Rien à noter, discours, discours. Et pour finir la séance, *la Marseillaise* qui s'appelle, en style du temps, *l'Hymne chéri.*

23 décembre. — Les frères de Versailles font preuve d'esprit. Ils appellent l'attention des frères de Provins sur la nécessité de surveiller les personnes *qui feignent le patriotisme par intérêt et dans le seul but d'occuper les places.* Déjà dans ce temps-là ! Mais toujours l'abandon, toujours la rareté des sociétaires aux séances. Le président s'en indigne. Il propose d'appliquer contre les indifférents l'article du règlement qui concerne leur cas.

30 décembre. — On lit l'arrêté du directoire de Provins, qui, sur l'avis de la municipalité, autorise la Société à tenir désormais ses séances dans la salle *du ci-devant couvent de la ci-devante Congrégation*, conformément au désir qu'elle a exprimé.

On remarquera en passant que plus les sociétaires se font rares aux séances et plus la Société éprouve le besoin d'agrandir le lieu de ses réunions.

1793

Affaire de Brésager, professeur au collège. — Lettre de la municipalité à la Société. — Lettre du district à la Société. — Chanson patriotique de Pastelot. — Réquisitoire de la Société contre la municipalité, contre Charlet, procureur de la commune. — Dubouchet, représentant du peuple, commissaire de la Convention nationale. — Garnier, représentant du peuple. — Changements de noms de rues. — Dons volontaires. — Lettres des citoyennes Bellanger, Michaud et Thoré. — Autres changements de noms de rues. — Le curé Pichon. — Camus, représentant du peuple, commissaire de la Convention nationale. — La citoyenne Dallé. — La Société change son nom. — Les détenus. — L'épître au pape. — Un citoyen fait don de sa pièce de mariage; réflexions de son petit-fils. — Auguste Arnoul, canonnier volontaire à 16 ans.

1ᵉʳ janvier 1793 (an II de la République). — Première séance à la nouvelle salle des séances de la Société.

Cette salle était l'*église du couvent de la Congrégation* ou des *Filles dévotes*, édifice qui occupait, à l'extrémité de la rue actuelle de la Bibliothèque, à peu près l'emplacement de la Crèche*.

Le curé de Cucharmoy, Pichon, inaugure la nouvelle salle en prononçant à la tribune une appréciation du ministre Roland. Puis il revient en arrière et fait sur les Allobroges et la Savoie un petit cours d'histoire qui obtient du succès.

13 janvier. — Le curé Coppin, président par intérim, lit une adresse des prétendus républicains de Provins. L'esprit de cette adresse est absolument contraire à celui de la Société.

Le citoyen Désert prend la parole. Il demande que l'on envoie à la Convention une adresse pour solliciter d'elle les trois choses suivantes :

1° Le jugement définitif de Louis Capet;

2° La prompte exécution de l'organisation de l'enseignement public;

3° L'exclusion des membres de la Convention qui ont perdu la confiance de la République, et, en même temps que cette exclusion, le mode à suivre pour y procéder.

---

* On en lira la description dans la très précieuse histoire manuscrite de Provins par l'abbé Pasques, ancien bibliothécaire de la ville, qui vécut de 1744 à 1830.

Le citoyen curé Coppin lit une opinion de Carra sur la manière dont Louis XVI doit être jugé. Cette opinion est déclarée *conforme aux bons principes.*

20 janvier. — On lit une lettre du député *Opoix*. Il se plaint que la Société ne veuille pas profiter de la facilité qu'il lui a donnée de correspondre avec lui. Un sociétaire fait remarquer qu'il a écrit au citoyen Opoix, mais que le citoyen Opoix ne lui a pas répondu. On invite le citoyen à recommencer. Il y consent. Bon enfant.

On communique la nouvelle de la condamnation à mort de Louis Capet (17 janvier). Le citoyen Désert monte à la tribune et propose d'envoyer immédiatement à la Convention une adresse d'adhésion au jugement prononcé. Adopté.

24 février. — On sait dans quelles circonstances fut assassiné, par un garde du corps, le 20 janvier 1793, c'est-à-dire la veille de l'exécution de Louis XVI, le député *Lepelletier de Saint-Fargeau*, qui avait voté la mort. On se rappelle quels magnifiques honneurs furent votés à ses restes par la Convention. En très peu de jours le buste de Lepelletier devint le

fétiche désigné à l'adoration des sans-culottes. La Société provinoise voulut posséder ce buste et en décida l'acquisition. Le curé Lambert fut choisi pour mener à bien cette affaire et accepta le mandat dont on l'investit.

Une pensée meilleure, tout au moins au point de vue de l'utilité, ce fut l'ouverture d'une souscription patriotique destinée à couvrir l'achat de souliers pour les troupes. La Société s'adresse pour cet objet à la générosité de la population.

24 mars. — Voici une séance que je qualifierai de pathétique. Le citoyen *Droux* — il faut se souvenir de son nom — monte à la tribune. Il parle de nos revers, il s'élève contre la lâcheté des troupes qui ont fui devant l'ennemi. Il annonce que, bien que marié et père de famille, il vient de s'enrôler et part pour l'armée. Le citoyen Droux exhorte ses concitoyens à se conduire en bons patriotes et à tout faire pour défendre et sauver la patrie menacée.

On ne peut qu'applaudir à cet élan patriotique empreint d'une sincérité et d'une abnégation qui le rendent vraiment touchant. Le citoyen Droux nous console de beaucoup d'autres.

7 avril. — Séance pénible.

On constate une fois de plus l'absence des sociétaires. On se compte. On se trouve neuf! C'est humiliant. On décide : 1° que ce nombre sera déclaré suffisant pour délibérer, et, ma foi, tant pis pour le règlement qui n'a pas prévu cette abstinence; 2° qu'une circulaire sera envoyée à tous les membres pour les inviter non seulement à venir, mais aussi à payer, ce qu'ils négligent avec ensemble.

21 avril. — On lit une adresse de la Société de Dijon qui demande à la Convention nationale *d'exclure tous les prêtres et tous les ci-devant nobles de toutes charges civiles ou militaires.* On se rallie à cette adresse et on décide qu'une adresse pareille sera envoyée à la Convention.

La Société mère demande aux sociétés affiliées *de prendre à leur charge tous les frais de correspondance avec elle.* A cet effet les sociétaires sont invités à verser une cotisation spéciale. Le curé Lambert est chargé de recueillir les cotisations.

Un sociétaire, le citoyen Colbaux, a imaginé *un nouveau mode d'impositions* qu'il croit supérieur à tous les précédents. Ce plan, il l'a exposé dans un mémoire adressé à la Convention. Par malheur un premier personnage qui a bien voulu se charger de présenter ce plan au nom de l'auteur, ou s'est maladroitement acquitté du message, ou s'est heurté à des obstacles bureaucratiques qu'il n'a pu vaincre. Un autre frère s'empresse aujourd'hui de réaliser les vœux du citoyen Colbaux. Sera-t-il plus heureux que l'autre?

28 avril. — La souscription sollicitée par la Société mère commence à donner des résultats; quarante et un membres ont consenti.

5 mai. — On lit une adresse envoyée à la Convention par la municipalité de *Tonnerre* et qui a pour but de « demander le rappel et le remplacement de tous les membres de la Convention qui auront *démérité*. » L'adresse ne définit pas ce qu'elle entend par ce mot. Elle suppose qu'entre sociétés jacobines on s'entend.

Et les électeurs, quel cas fait-on d'eux? On voit que l'éducation politique est à la première heure.

On lit une lettre de la Société d'*Auxerre*. Cette société se plaint des intrigues des ecclésiastiques et elle demande à la Convention l'é-

loignement de tous les ecclésiastiques non fonctionnaires.

La souscription sollicitée par les Jacobins est close. On dressera la liste des souscripteurs (qui sera naturellement une liste de proscription pour les non souscripteurs), et on enverra les fonds recueillis. On ne dit pas à quel total ils s'élèvent.

12 mai. — Lettre du citoyen représentant Christophe Opoix. Ce député annonce que le fameux *plan de réforme* financière élaboré par le citoyen Colbaux circule entre les mains des membres du Comité des finances, et il affirme que « cette pièce ne sera pas enfouie dans les cartons, comme tant d'autres, sans avoir été lue ». En est-il bien sûr?

La seconde partie de sa lettre, dont le procès-verbal offre seulement l'analyse, renferme une déclaration de principes et des maximes d'éducation, qui, si l'on se reporte à la date de la lettre, sembleront quelque peu en désaccord avec les sentiments à la mode du jour. Je transcris textuellement.

« Il fait part aussi sur cette même *(sic)* d'une adresse qu'il a faite à ses collègues relativement *aux principes religieux qu'il voudrait qu'on im-*

prime dans le cœur des enfants comme base d'une bonne éducation. »

Ces paroles font honneur au conventionnel Opoix.

26 mai. — Un citoyen, qui lit certainement les gazettes avec avidité, demande la parole pour dire quelles trames sont nouées contre les Jacobins de Paris, avec quelle habileté ils en triomphent !... On sent que le 31 mai approche.

2 juin. — La municipalité de Chalautre-la-Petite a fait acte de fermeté en arrêtant des voitures de farine. On vote des félicitations pour son patriotisme.

Je rapprocherai de cette note les lignes suivantes se reportant au même incident et l'expliquant.

« Est approuvée l'arrestation faite par la municipalité de *Chalautre la petite*, à trois heures du matin, le 16 mai, d'un chargement de grains destiné à un meunier du lieu et voituré sans acquit à caution ni certificat. »

(Archives dép., période révol., directoire du dép. de S.-et-M., séance du 27 mai 1793. Page 124.)

Il faut reconnaître que plusieurs exceptions à la règle générale ont été remarquées. La commune de Chenoise notamment a motivé par sa résistance l'envoi de deux pièces de canon pour la contraindre à l'obéissance. Nous lisons, en effet, les lignes suivantes dans le recueil des archives départementales, page 170.

« Le département prend un arrêté au sujet des frais de déplacement de la force armée et de deux pièces d'artillerie, occasionné par la résistance des habitants de la commune de Chenoise à l'enlèvement des grains saisis chez un citoyen et déposés dans la maison commune. »

(Directoire du dép., frimaire an III.)

16 juin. — Les Girondins ont été proscrits dans la journée du 31 mai. La *Société*, un peu tardivement, ce qui est contraire à ses habitudes, *félicite* les vainqueurs. Elle envoie à la Convention une adresse « pour applaudir à ses travaux depuis les journées des 31 mai et 2 juin, et pour demander le jugement *des traîtres* ». En style jacobin *traître* signifie *vaincu*. Préparons-nous à voir dans quelques mois Robespierre qualifié de traître après Vergniaud, Danton et Camille Desmoulins.

30 juin. — Au milieu des fadaises et des inepties combien on est agréablement surpris

de rencontrer des traits charmants de patriotisme simple et non théâtral, tels que le suivant :

La citoyenne *Luchet* — on regrette de n'en pas savoir plus long sur sa personnalité — a acheté du blé. C'est vraisemblablement une meunière. *Elle le cède sans intérêt à des communes qui en manquent.* La Société lui vote des félicitations pour son désintéressement généreux. Ce faisant, la Société s'honore elle-même.

Du reste, à cette époque les actes de générosité et d'abnégation sont communs. J'en relaterai un curieux exemple :

« Le citoyen *Jauquin*, nommé instructeur d'artillerie à Melun aux appointements de 75 livres par mois, expose que personne ne s'est présenté pour recevoir des leçons. En conséquence, il demande la suppression de son traitement. »

(Archives dép., période rév., conseil général du dép. de S.-et-M., séance du 20 octobre 1793. Page 40.)

30 juin. — On décide qu'il sera fait une adresse au peuple sur la Constitution et que le tirage sera de 1.200 exemplaires. Le citoyen Bureau offre à la Société le papier pour l'impression.

21 juillet. — Le citoyen représentant Opoix envoie à la Société des félicitations pour les principes exprimés dans l'adresse ci-dessus.

On lit une adresse de la Société populaire de Bordeaux. Cette société proteste contre l'arrestation des Girondins.

On décide qu'une réponse sera faite et que ladite réponse sera adressée, non seulement à Bordeaux, mais à tous les départements insurgés.

Un membre se plaint de l'inexécution dans le district du décret relatif au recensement des blés. On rédige pour cet objet une lettre que l'on adresse au directoire du district. La voici telle quelle :

« Citoyens administrateurs,

« La Société populaire de Provins, réunie dans le lieu ordinaire de ses séances publiques, et le peuple qui la fréquente apprennent avec indignation qu'un grand nombre de granges et de greniers contiennent encore beaucoup de blé battu et à battre. L'indignation commune tombe sur vous. Vous l'avez provoquée, parce que vous favorisez l'horrible famine et la cupidité atroce des fermiers, qui laissent nos marchés vides quand ils peuvent les approvisionner. Vous n'avez donc pas fait exécuter la loi d'un recensement rigoureux et nécessaire, ou vous avez donc donné votre confiance à des commissaires plus qu'infidèles, au grand scandale du peuple et de ses vrais amis. Hâtez-vous, il en est temps, de faire votre devoir. Le terme de notre patience expire. Encore un instant de mollesse et d'infidélité de votre part, et nous porterons à la Convention nos cris et ceux du peuple affamé qui nous entoure. Nous désirons savoir quel jour vous avez promulgué la loi du 4 mai, quels commissaires vous avez nommés, et quels jours ils sont partis. »

Au point de vue de la netteté et de la concision, cette lettre ne laissait rien à désirer.

28 juillet. — On rappelle un décret de la Convention, du 27 mars, portant création et distribution de piques. On réclame la prompte exécution de ce décret.

Je rappellerai à cette occasion que, par un décret du ministre, le département de Seine-et-Marne avait été compris pour une somme de 53.512 livres dans la distibution des 5 millions affectés à la fabrication des piques pour la

France entière. Voici exactement comment le Conseil général de Seine-et-Marne avait arrêté la répartition de cette somme entre les cinq districts du département d'après leur population respective.

District de MEAUX. .	88.525 habitants.	15.981 livres.
— MELUN . .	64.816	—	11.700 —
— NEMOURS .	47.558	—	8.580 —
— PROVINS .	46.553	—	8.310 —
— ROSOY . .	49.520	—	8.941 —
	296.972		53.512

(Voir *Archives de Seine-et-Marne*, période révolut., p. 36.)

Une grosse affaire.

Une lettre anonyme dénonce les mauvaises mœurs du citoyen *Brésager,* instituteur (professeur) au collège de Provins.

D'après cette dénonciation, le citoyen Brésager*, que tout le monde croit marié, vit en état

---

* Le registre des procès-verbaux dit *Présager*. Les archives municipales de Provins disent *Brésager*. Entre les deux orthographes je n'hésite pas et préfère celle des administrateurs de la commune.

BRÉSAGER occupait à l'*institut national* une situation assez extraordinaire et tout à fait en désaccord avec nos habitudes universitaires contemporaines. Il était professeur des 7me et 6me classes. Il touchait 600 fr. et était logé. Mais, par une combinaison assez bizarre, il avait l'entreprise de l'exploita-

de concubinage avec sa compagne, qui lui a donné deux petites filles.

Scandale énorme, dont la Société, gardienne vigilante des bonnes mœurs, se fait juge.

Je transcris textuellement son arrêté.

« La Société,

« Considérant que le but de son institution est, non seulement de surveiller l'exécution des lois, mais encore de s'occuper de tout ce qui peut avoir rapport à l'éducation de la jeunesse et aux bonnes mœurs, comme base essentielle d'un gouvernement républicain;

« Considérant que le citoyen dénoncé a prouvé son mépris pour les lois en vivant depuis plusieurs années avec une concubine, que son existence au collège est un scandale public puisqu'il en a fait un lieu de prostitution en y réunissant deux filles qui par leur honteuse

---

tion matérielle de l'établissement. Les familles lui payaient 3oo fr. pour la nourriture et le coucher des élèves. Le principal avait la direction de l'enseignement, et *Brésuger* était une sorte d'économe. Le collège se trouvait, par suite, en régie à son profit. Le vrai principal se nommait *Daudanne*. Il était prêtre.

(Registre des délibérations du Conseil général de la commune, 4 mars 1793, an II.)

fécondité ont décelé la dépravation de leurs mœurs;

« Considérant que le mariage contracté depuis n'a fait que constater le scandale sans le réparer, qu'une pareille conduite a dû nécessairement produire les effets les plus pernicieux et laisser les impressions les plus funestes dans l'âme de la jeunesse confiée à ses soins, que les meilleures leçons qu'il pourrait donner ne parviendraient jamais à détruire les conséquences de son mauvais exemple, et que ce serait en quelque sorte honorer le vice que de laisser cet homme immoral à une place qui exige des vertus;

« Considérant que, si quelque ennemi du bien public avait formé le projet de rendre l'éducation vicieuse et de déshonorer la ville, il n'aurait pas pris d'autres moyens pour arriver à ses fins;

« Considérant que la ville de Provins, privée du *département* et de l'*évêché*, ne peut plus compter que sur l'*institut national;* que l'existence de *Brésager* au collège suffit pour nous ôter cette dernière espérance, puisque nos voisins rivaux et jaloux ne manqueront pas de profiter de sa réputation pour décrier le collège et pour nous enlever cet établissement aussi utile qu'honorable ;

« Considérant enfin que dès l'instant de la publication des bans de Brésager les officiers municipaux n'ont pu ignorer son concubinage, et que si, par faiblesse ou par condescendance, ils conservaient cet homme dans ses fonctions ils se rendraient coupables d'un crime qui compromettrait l'honneur et l'intérêt de la ville ;

« La Société déclare que Brésager a perdu sa confiance et arrête qu'elle demandera sa destitution avec invitation à la rendre aussi publique que l'a été le scandale. »

7 août. — Le citoyen Michelin, imprimeur, réclame plus qu'on ne lui doit. Il a consenti un prix de 60 livres pour l'impression de l'adresse au peuple du 30 juin dernier. Il en réclame 72. La Société fait ses observations.

1ᵉʳ septembre. — Pour une motion montagnarde, en voici une :

« Que nul député ayant siégé au *Marais* ne puisse occuper aucune place jusqu'à la paix. »

Explication demandée. Le citoyen Trudaine (se souvenir d'André Chénier) a fait un don patriotique de 7.000 livres pour la défense du pays. La Société veut savoir où ont passé les 7.000 livres Trudaine. Le procureur syndic du district, le citoyen *Juris*, questionné, répond que cet argent a été consacré à l'achat de fusils pour la légion du Midi*. La Société se déclare satisfaite.

1ᵉʳ septembre. — Événement considérable et destiné à entraîner de graves conséquences.

La municipalité, décidément exaspérée de l'attitude de la Société populaire, finit par se révolter contre cette tyrannie, qui lui pèse.

Une bonne fois elle fait acte de dignité et d'indépendance, et adresse aux Jacobins la lettre suivante.

Le président en donne lecture, à la stupéfaction générale.

Provins, le 22 août 1793 (l'an II de la République une et indivisible.)

*Le Corps municipal
à la Société populaire de Provins.*

« Citoyens frères et amis,

« Nous avons toujours fraternisé et nous fra-

---

* Provins était divisé en deux sections, celle du Nord et celle du Midi.

terniserons toujours avec vous comme avec tous les autres de nos concitoyens. Comme magistrats nous sommes à tous, et comme citoyens nous les chérissons tous.

« Nous ne sommes pas tenus à entretenir une correspondance littéraire journalière avec vous. Si vous aviez le droit d'exiger que nous vous rendissions compte par écrit, chacun des citoyens aurait le même droit en particulier, et alors nous ne pourrions y subvenir.

« Nous avons un autre emploi à faire de notre temps, et, comme la justice règne parmi vous, au besoin vous attesteriez que nous remplissons nos devoirs, et qu'il est peu d'heures que nous n'employons pour le bien public.

« Au demeurant, nos travaux, nos opérations, nos tenues, enfin nos livres, nos registres sont à jour... Le lieu de nos séances est public. C'est la maison commune. Tous les citoyens indistinctement ont le droit d'y entendre et d'y voir. Ils peuvent plus : ils peuvent à volonté prendre communication, compulser, vérifier, et faire tous extraits, relevés et notes que bon leur semble.

« Il est dans nos âmes de le souffrir, mais,

quand cela ne serait pas, la loi nous y astreint.

« Mais aussi la loi ne nous en ordonne pas davantage. Singulièrement, elle ne nous charge pas d'adresser des expéditions à tels ou tels citoyens, ce qui serait réellement impossible.

« Lorsqu'un arrêté, une délibération, mérite d'être généralement connu, ou doit l'être, notre obligation, dans ce cas, est de le faire publier et afficher. Nous n'y avons jamais manqué et n'y manquerons jamais.

« Ainsi, citoyens, vous avez connu comme nos autres frères, par cette voie, tout ce qui a dû être rendu public. Ainsi, si quelques objets particuliers vous intéressent, la porte de la commune vous est libre, nos livres et registres vous sont ouverts. Venez les compulser.

« Dussiez-vous n'y venir que pour examiner notre conduite, nous vous y verrons avec plaisir, comme nous vous rendrons grâces de bons documents pour nous et d'avis salutaires pour la chose commune que vous pourriez nous donner. Nous vous le répétons, frères et amis, nous fraterniserons toujours avec vous, toujours nous vous remercierons quand vous nous aiderez à travailler pour le salut de la Patrie, le maintien de la République une et indivisible, et pour le soutien de la Liberté et de l'Égalité.

« Mais ni vous ni nous ne devons jamais travailler à détruire l'ordre hiérarchique des pouvoirs, ni oublier que nulle société, club ou association de citoyens ne peuvent avoir sous aucune forme une existence politique et n'exercer aucune action ni inspection sur les actes des pouvoirs constitués et des autorités légales ; que, sous aucun prétexte, ils ne peuvent paraître sous un nom collectif pour former des pétitions ou des députations.

« Ne nous écartons jamais, ni les uns ni les autres, de ces principes. C'est le moyen de déterminer entre nous l'union la plus parfaite.

« Fermes sur iceux, nous nous bornons à vous dire :

« 1° Que sur votre dénonciation contre *Présagez*, il y a eu délibération prise ; votre envoyé doit vous en avoir fait part. Il se ressouvient sûrement de la séance. Au reste, vous en viendrez, les uns et les autres, prendre lecture à votre gré.

« 2° Que sur l'armement des citoyens, nous avons exécuté et nous exécuterons les ordres supérieurs, même communément avec le district. Cela se voit encore par nos procès-verbaux des séances, etc.

« 3° Enfin, que nous nous sommes aussi conformés aux ordres qui nous ont été donnés sur le bruit répandu dans le département. L'un desquels ordres nous enjoint le secret.

« Nous vous remercions des avis concernant le bien public que contient votre lettre.

« Salut et fraternité. »

Ont signé :

Charlet. Feuillet. Pinard.
Bellanger. Bertrand (en permanence).
Picou (en permanence).

8 septembre. — Dénonciation par la Société populaire de Nogent-sur-Seine contre un ancien Génovéfin, aujourd'hui curé d'une commune, et qui a l'audace de porter encore soutane! Faire cesser ce désordre.

Envoi à ladite municipalité voisine d'une copie de la lettre ci-dessus de la municipalité de Provins, afin de donner à la première une juste idée du patriotisme de la seconde.

Adressé au directoire du district une lettre concernant la querelle survenue entre la Société populaire et la municipalité de Provins.

Le district, vraisemblablement sous l'impression du *régime de la Terreur* nouvellement inauguré, et quelque peu tremblant pour sa peau, fait la réponse suivante :

Les administrateurs du district de Provins aux citoyens composant la Société populaire de la ville.

« Nous avons, citoyens, pris communication de la lettre que vous nous avez adressée en date du 4 septembre présent mois, et dans laquelle vous nous faites part du vœu que vous exprimez pour que la loi contre les accapareurs soit exécutée sans délai.

« A votre lettre est jointe la copie d'une réponse que le corps municipal de cette ville a fournie à différentes demandes que vous lui avez faites, réponse que vous paraissez vouloir nous faire remarquer.

« Nous apercevons en vous des citoyens imbus de la maxime toujours sage que, pour que l'ordre règne dans un gouvernement, les lois doivent être en vigueur. Nous voyons (en vous) des citoyens qui veulent réunir leurs efforts en vue de l'avantage général. A ce titre, des représentations ont et auront toujours auprès de nous un accès très facile. La même cause nous unit tous, le même esprit doit nous diriger, et, toutes les fois qu'une volonté exprimée ne tend qu'à exécuter une loi, cette volonté devient aussitôt la nôtre.

« Vous voulez que la loi contre les accapareurs soit exécutée. Vous avez raison. Les dispositions que cette loi renferme sont nécessitées par les circonstances.

« Nous écrivons à la municipalité de Provins. Nous lui représentons que, après avoir donné la plus grande publicité à cette loi, que nous lui avons fait passer en expédition manuscrite aussitôt qu'elle nous a été envoyée, elle doit exiger des citoyens les déclarations auxquelles ils sont assujetis. Nous appelons son zèle, son activité, sur cette importante opération, et nous nous persuadons que nos représentations, *que nous n'avons pas bornées à ce seul sujet*, ne resteront pas sans effet.

« Dans une république, citoyens, chacun doit à la chose publique le tribut de ses connaissances et de ses lumières. Acquittez-le, citoyens, votre tribut. Continuez de nous faire part de vos vues. Nous les suivrons toutes les fois qu'elles nous paraîtront dans l'esprit de la loi. Si nous avons entre nos mains l'autorité, ce n'est, suivant nous, qu'un dépôt qui nous est remis, et nous devons compte de l'emploi que nous en faisons. Si, dans le nombre infini des occupations que nous avons, quelques parties du travail général que nous devons embrasser nous échappaient, tout citoyen qui nous rappellera notre devoir nous fera plaisir. Tels sont nos sentiments ; nous nous attachons à les propager. Nous comptons sur le succès de notre entreprise. Nous comptons que tous les citoyens, quel que soit leur caractère politique, s'accorderont entre eux fraternellement ; que, d'un côté, les autorités constituées seront respectées, et que, de l'autre, le droit de représenter, inhérent dans un gouvernement libre au droit de citoyen, sera toujours connu (reconnu). »

Ont signé :

SIMON. J.-V. GARNIER. BOULLANGER.
GARNIER-LE-LONG. LAVAL. LEFÈVRE.

A la lettre de la municipalité, la Société répond par une sorte de factum où elle accumule grotesquement en quatre pages toutes les intempérances déclamatoires qui caractérisent l'éloquence jacobine.

Séance tenante, la société, électrisée par la lecture de ce document, décide que l'on enverra au *Comité de Sûreté générale* la lettre du corps municipal, arrête, en outre, que la lettre et la réponse seront adressées à la Société des *Jacobins* de Paris et en même temps à *Robespierre « comme individu »*.

22 septembre. — Un membre fait lecture du décret de la Convention qui autorise et convie les sociétés populaires à dénoncer au Comité de *Sûreté générale* et à la Convention les ci-devant nobles et suspects dans les armées. Immédiatement on dénonce le sieur Vaublanc. La société invite tous les membres et tous les citoyens à dénoncer ceux qu'ils connaissent suspects dans les armées, pour faire liste avec le sieur Vaublanc.

24 septembre. — Très intéressante séance.

Les *engagés volontaires* défilent devant la Société populaire. La manifestation est imposante.

Le citoyen *Pastelot* a composé pour la circonstance une chanson patriotique qui ne manque pas d'allure. La voici, telle qu'elle fut imprimée aux frais de la Société :

LE DÉPART DE LA LEVÉE EN MASSE

chantée à Provins par le citoyen Pastelot,
à la Société populaire en la séance du mardi 24 septembre 1793.

Air : Veillons au salut de l'empire.

Dans les dangers de la Patrie
Est-il besoin de longs décrets
Pour inspirer de l'énergie
Aux vrais sans-culottes français ?
  Liberté, liberté,
Quand l'Europe entière t'outrage,
Verrons-nous *(bis)* les forfaits des tyrans impunis ?
Courons repousser l'esclavage !
Que les rois soient anéantis !

Laissons murmurer la nature
Dans la tendresse des enfants.
L'honneur console avec usure
Le cœur sensible à ses accents.
  Liberté...

Aux pleurs de nos jeunes maîtresses
Ne nous laissons point attendrir.
L'amour abjurant ses faiblesses
Préfère la gloire au plaisir.
  Liberté...

Des canons, des piques, des armes,
Instruments des républicains,
Pour nos cœurs ont bien plus de charmes
Que les hochets des muscadins.
  Liberté...

> Fondons en masse avec courage
> Sur la horde de ces brigands
> Qui déjà frémissent de rage
> De voir leurs efforts impuissants.
>   Liberté...
>
> A ta voix, ô Sainte Montagne,
> Nous volons au champ de l'honneur
> Pour cueillir dans cette campagne
> Les lauriers dus à la valeur.
>   Liberté...

Les administrateurs du district viennent à la séance pour informer la Société que, dans le but de parer à la disette qui menace Paris, il a été ordonné de créer des comités *dits de subsistance*, et pour demander à la Société de vouloir bien nommer dans son sein deux membres destinés à faire partie de ce comité en formation. La Société élit deux membres qui acceptent.

27 septembre. — La mésintelligence entre la municipalité et la Société s'accentue et prend la proportion d'une lutte.

Le citoyen *Duportail**, administrateur du

---

* Duportail (Louis Lebègue) avait fait la guerre d'Amérique, en qualité d'officier, sous les ordres de La Fayette. Il devint officier général et ministre de la guerre en 1790. Puis il fut décrété d'accusation et se sauva en Amérique.

directoire du département de Seine-et-Marne, vient à Provins en qualité de délégué du citoyen représentant du peuple *Dubouchet*, envoyé comme commissaire en Seine-et-Marne par la Convention.

La Société sollicite et obtient du citoyen Duportail une audience pour lui soumettre ses griefs contre la municipalité.

Le réquisitoire dressé par la Société ne comprend pas moins de 14 récriminations différentes. Malgré sa longueur, ce document veut être reproduit *in extenso* :

Liste des griefs contre la municipalité de Provins par la Société populaire.

1° On reproche à la municipalité de Provins de n'avoir jamais voulu se former en bureaux et d'avoir par là négligé et omis souvent les plus importants de ses devoirs.

2° Malgré le décret qui ordonne aux magistrats de lire les lois et les imprimés envoyés par ordre de la Convention nationale, de n'avoir jamais rien fait pour l'instruction du peuple, pas même lu le *Bulletin de la Convention*.

3° D'avoir constamment refusé de faire exercer et manœuvrer les citoyens, surtout ceux de la première classe, malgré la loi qui l'ordonne.

4° De n'avoir pas tenu liste des citoyens de la première classe et d'avoir, par cette négligence ou mauvaise volonté, entravé les derniers recrutements.

5° De n'avoir exécuté la loi du 21 mars dernier que plus de 3 mois après la publication, et forcément.

6° D'avoir toujours refusé d'obtempérer à la loi qui ordonne que tous les citoyens seront armés au moins de piques.

7° Malgré la loi qui ordonne le désarmement des personnes suspectes, d'avoir rendu une caisse de fusils à un ci-devant, saisie chez un huissier de la ville.

8° De voir encore exécuter fort mal, et après de longs délais, et malgré elle, la loi concernant les accaparements.

9° D'avoir écrit à ce sujet les lettres les plus inciviques aux comités de surveillance des deux sections de la ville.

10° D'avoir constamment refusé de reconnaître la Société populaire de cette ville, de recevoir les pétitions, députations, etc., fondée (sic) sur la loi Chapelier.

11° De n'avoir point appelé la Société populaire à la fête du 10 août, et, pour montrer son intention de l'exclure, d'avoir donné à un groupe prétendu représentant du souverain une bannière avec l'emblème de la surveillance*.

12° D'avoir prouvé son aristocratie et son immoralité en plaçant à côté du respectable vieillard assis sur la charrue triomphale une fille publiquement connue pour manquer de mœurs.

13° D'avoir mis et conservé opiniâtrément à la tête de l'institut national de cette ville un homme immoral qui a vécu quatre ans au moins avec une concubine et en adultère, et d'une incapacité et d'une aptitude avérées.

14° Dans le jugement rendu à la police municipale contre Billy, les juges dénommés dans le jugement sont : Bellanger, Pelet et Legrand. Cependant, il est certain que le citoyen Legrand n'a pas assisté ni opiné au jugement, et que c'est le maire, Feuillet, qui y a opiné.

---

* Sur cette bannière était peint : « *L'œil de la Vigilance perçant un épais nuage.* »

Tel est ce curieux document. On voit par là l'état d'âme de la Société populaire et quelle haine farouche elle nourrissait contre la municipalité, coupable de ne pas s'humilier devant elle.

On sent avec quelle facilité la municipalité eût pu repousser chacun de ces coups.

Si elle ne s'est jamais divisée en bureaux, c'est qu'elle n'a jamais éprouvé le besoin de recourir à cette méthode de travail, et nul n'a le droit de lui enseigner ce qu'elle a à faire.

Si elle ne juge pas à propos de donner publiquement et journellement lecture des innombrables paperasses dont elle est inondée, c'est qu'elle a autre chose à faire de plus urgent pour les intérêts de ses administrés.

Si elle a mis peu d'empressement à faire exécuter les exercices militaires par les jeunes soldats, c'est que vraisemblablement les instructeurs manquaient, les armes aussi.

Si elle a négligé de distribuer des piques à la population ouvrière, c'est qu'elle a pensé sagement qu'une telle distribution serait plus dangereuse qu'utile.

Si, dans beaucoup d'occasions, elle a préféré la modération à la violence, qui osera la blâmer d'une conduite si favorable aux vrais intérêts de la ville?

Si, irritée de procédés incorrects, elle a quelquefois répondu avec vivacité aux comités de la Société populaire et les a invités à ne pas se mêler de ce qui ne les regardait pas, où est le délit?

Si, courageusement et en vertu de son droit strict, elle a nié les pouvoirs et combattu les prétentions arbitraires de la Société populaire en tant que corps politique et administratif, n'a-t-elle pas, en cela, été fidèle à son mandat et au sens commun?

Quant à la petite comédie du vieux campé sur sa charrue triomphale en compagnie d'une fille légère, elle est vraiment plutôt plaisante que regrettable. Et, après tout, on peut se demander quelle jeune personne respectable et bien élevée eût pu consentir à se produire ainsi à demi-nue aux regards du public.

Le cas du professeur du collège est plus sérieux. On s'étonne de cette pudibonderie de la part de gens imbus des maximes de Jean-Jacques Rousseau et familiers avec les hardiesses philosophiques des écrivains du temps. Voici un pauvre diable qui, durant quatre années, a vécu hors de l'état de mariage avec une compagne dont il a eu plusieurs enfants. Tout le monde les croyait mari et femme, et ils eussent pu longtemps encore bénéficier de cette erreur qui leur épargnait tous les désagréments. Mais, pris d'un remords, d'un sentiment noble en soi, cet homme veut sortir d'une situation fausse, il se marie. Aussitôt, la Société populaire l'accable d'outrages. En réalité, ce professeur en réparant une faute se conforme à la morale et mérite plutôt la sympathie des honnêtes gens. Coupable avant le mariage, il le fut sans doute. Mais le mariage a éteint la faute, l'a réparée, devrait la faire oublier. On se demande quelle extraordinaire pureté de mœurs pouvait être celle de ces Montagnards provinois pour motiver cette sévérité féroce à l'égard d'un homme qui s'est borné à suivre les exemples de Marat et de J.-J. Rousseau.

En résumé, toute cette pièce est odieuse autant que ridicule.

Mais elle n'est rien si on la compare, pour la méchanceté, avec la suivante :

Le citoyen *Charlet,* procureur de la commune, par sa fermeté et son indépendance de caractère avait eu la mauvaise fortune d'irriter les gros personnages de la Société et de s'attirer leur haine.

Le malheureux fut dénoncé par la Société populaire comme un monstre digne des pires châtiments, et on rédigea contre lui le réquisitoire suivant :

Contre Charlet, procureur de la commune.

1° Charlet singe le patriotisme et, par son exagération, prouve qu'il n'en a que le masque.

2° Charlet, étant capitaine de grenadiers, au mois d'août 1792, à la suite d'une partie bachique, monta à la maison commune avec le citoyen Royer, força le citoyen Defienne, alors président de la Société, à descendre et quitter son poste et l'a livré à une troupe de gens qui l'ont rossé et ignominieusement conduit et mis hors la ville, avec défense d'y rentrer sous peine de vie.

3° Charlet, lors du premier recrutement, ayant été dépositaire d'une cassette renfermant le produit d'une collecte faite en faveur des volontaires et les listes de vérification des sommes déposées, en son particulier et en l'absence de l'officier municipal à lui adjoint, a brisé les cachets de la cassette, a soustrait les textes, et a été tellement soupçonné de s'être approprié les sommes déposées, que les jeunes volontaires allaient dans chaque maison s'informer de ce qui avait été donné et voulaient le faire restituer.

4° En sa qualité de procureur de la commune, après avoir requis des amendes auprès du tribunal de police municipale, si les délinquants entreprennent de se justifier ou sollicitent diminution de l'amende, il requiert despotiquement, pour leur imposer silence, qu'ils soient soumis au double de l'amende.

5° Charlet a dit hautement dans la section du Midi, dont il est, lors de l'acceptation de la constitution, que la liste des citoyens signataires était une liste de proscription et a ainsi excité le plus violent orage dans l'assemblée.

6° Charlet ne voit que des aristocrates, et, dernièrement, étant à dîner chez un prêtre plus que suspect et reconnu endoctrineur de tous les réfractaires, ordonna au commissaire de la fête du 10 août de venir le trouver, parce qu'il croyait que c'était lui qui avait conduit au comité de surveillance un aristocrate avec qui il dînait ou jouait, et présenter la scène. Mais, comme ce n'était pas ce commissaire qui avait conduit l'aristocrate, se contenta de lui donner une leçon et de le menacer de la prison si jamais il se permettait de conduire quelqu'un au comité de surveillance.

7° Charlet est connu pour le meneur de la municipalité, et conséquemment l'auteur de toutes les sottises qu'elle fait journellement, notamment des différentes lettres inciviques, royalistes et contre-révolutionnaires écrites à la Société populaire et aux comités de surveillance.

8° On reproche encore à Charlet d'être extrêmement facile à délivrer des passeports, en particulier à des étrangers qui viennent à Provins sans en être munis, et qui, par son moyen, s'en munissent ici.

La Société estime qu'il y a lieu de prononcer la destitution publique et solennelle de Charlet, procureur de la commune, et de donner une forte leçon à la municipalité*.

---

* Le citoyen Charlet, victime d'une infernale machination, répondit de sa prison par un mémoire intitulé : *Justification et demande en liberté* par CHARLET, citoyen de Provins, cultivateur, ci-devant procureur de la Commune. Brochure de 32 feuillets, auxquels on a ajouté un *post-scriptum*. A Melun, à l'imprimerie Tarbé et Lefèvre-Compigny, l'an II de la République.

1ᵉʳ octobre. — Les jeunes volontaires font part à la Société d'une pétition qu'ils se proposent d'envoyer à la Convention pour demander une augmentation de paie, 15 sous par jour ne suffisant plus, à cause du prix excessif des denrées.

3 octobre. — Réunion extraordinaire pour la réception du citoyen *Dubouchet*, réprésentant du peuple, arrivé à Provins en qualité de commissaire de la Convention.

Le citoyen se montre très satisfait de l'accueil dont il est honoré. Il plaît tout de suite par ses manières et par son éloquence de vrai sans-culotte.

Le buste de Marat a été donné à la Société par la Convention, et on ne lui marchande pas les hommages. Les jeunes officiers qui commandent les jeunes volontaires assistent en corps à la séance. L'un d'eux lit des vers patriotiques dont il est l'auteur et obtient un vif succès.

Un membre dépose une couronne de fleurs sur le buste de Marat et prononce deux épi-

---

* Pierre Dubouchet, médecin de Montbrison, envoyé en mission en juillet 1793 en Seine-et-Marne.

taphes à la louange de ce *martyr de la liberté*. La Société décide que les épitaphes seront inscrites au bas du buste.

On se souvient que la Société a pris l'initiative d'une souscription en faveur des familles pauvres dont les fils combattent aux frontières. C'est en présence du citoyen Dubouchet que l'on rend compte du résultat de cette souscription. Il est chétif. Dubouchet s'en indigne, et vraiment il n'a pas tort; et il ajoute, en vrai sans-culotte qu'il est, « que les riches se repentiront de ne pas s'être montrés plus généreux ».

7 octobre. — Dubouchet préside de fait, en vertu de ses pouvoirs discrétionnaires.

Devant lui et par son autorité est résolue la question des secours à distribuer aux familles indigentes des soldats sous les drapeaux. Le district donnera à la municipalité 1.200 livres. Quant au produit de la collecte, on le passe sous silence. Le citoyen Dubouchet promet que là ne s'arrêtera pas la largesse. Ceci n'est qu'un acompte.

L'application de la loi sur le *maximum* donne lieu à un incident curieux :

Un aubergiste se plaint que ses pareils n'aient

pas le droit d'acheter sur le marché avant la fin, au lieu d'avoir le droit qui appartient à tous d'acheter n'importe à quelle heure. Le citoyen Dubouchet lui démontre que, étant appelé à revendre plus cher qu'il n'achète, il n'est pas dans les mêmes conditions que le consommateur.

Je me demande ce que penseront les économistes modernes de la théorie du citoyen Dubouchet.

On lit une lettre du citoyen *Feuillet, maire de Provins.*

On se souvient que le citoyen *Feuillet* a été l'un des signataires de la fameuse lettre du 22 août par laquelle la municipalité déclarait avec une politesse un peu aigre à la Société populaire que celle-ci lui ferait plaisir en la laissant un peu en repos.

Le citoyen Feuillet avoue son crime et en demande pardon. Il en rejette sans plus de façon la faute sur le corps municipal qui l'a entraîné et à qui *il a cédé par faiblesse.*

Visiblement, c'est un trembleur.

Le citoyen Dubouchet, devançant *Joseph Prudhomme* d'un demi-siècle, remarque sentencieusement que, dans certains cas, la faiblesse est aussi nuisible que la malveillance.

Mais quel maire! et combien il a raison de s'accuser de faiblesse!

Le citoyen *Juris*, receveur du district, est accusé d'avoir donné retraite à Juris, son parent, et à la femme de celui-ci, tous deux ci-devant au service de l'émigré Mortemart*, et qui l'avaient suivi chez les ennemis de la République.

L'affaire est renvoyée au comité de surveillance.

Bien que je ne sois pas issu du sang des Juris, néanmoins, comme un Juris est devenu mon beau-grand-père par son mariage avec ma grand'mère Bellanger, devenue veuve en 1814, je ne puis pas rester insensible à cet incident. Je vais plus loin, et je soutiens que feu mon beau-grand-père Juris a, dans cette occasion, agi en homme de courage et en bon parent, et je suis très fier qu'il ait, par cet acte, provoqué les foudres de la Société populaire.

On me pardonnera cette anodine protestation rétrospective, quand on saura que, dans le

---

* ROCHECHOUART DE MORTEMART, duc et pair de France, seigneur d'Everly.

temps même où se passait cette petite affaire, mon vrai grand-père, le citoyen *Bellanger*, pharmacien à Provins, notable, membre du conseil municipal, était détenu dans la prison de la ville par suite d'une dénonciation émanant pareillement de la Société populaire. On se souvient que son nom figurait parmi ceux des signataires de la déclaration de guerre du 22 août. C'était son crime.

J'ai retrouvé la date précise de son incarcération, grâce au document suivant qui existe à la bibliothèque de Provins et qui porte la date du 14 vendémiaire an II.

« Cejourdhuy 5 octobre 1793, l'an 2ᵉ de la République une et indivisible,

« Nous, gendarmes nationaux à la résidence de Provins, en vertu du mandat d'arrêt décerné par le comité de surveillance de la section du Midi, avons écroué et conduit dans la maison d'arrêt de cette ville le citoyen Bourgis fils, la citoyenne Geollot, les citoyens Pelet père, Guyon médecin, *Bellanger*, et Guignace, ci-devant prieur de Sᵗ-Jacques, et les avons laissés à la charge et garde du gardien de la maison d'arrêt, lequel a signé avec nous les jour et an que dessus.

  Bonsary,   J. L. Perrier,
   Gendarme,   *Gendarme.*

Soit le pain fourni aux dénommés.

    Provins, le 5 octobre 1793, l'an II.
        Rabier.

Mon père, né le 29 janvier 1788, mort le 2 juin 1880, était alors âgé de six ans. Il se souvenait parfaitement d'avoir accompagné sa mère à la maison des Jacobins pour y visiter mon grand-père dans sa prison. Chose bizarre, ce souvenir ne lui rappelait aucune impression fâcheuse. Au contraire. Les prisonniers, compagnons de mon grand-père, l'avaient beaucoup caressé et même l'avaient fait jouer aux billes avec eux. Il faut conclure de ce fait que le régime des détenus suspects n'était pas très dur.

Mais je reviens à mon sujet, dont le sentiment filial m'a sans doute un peu trop écarté. J'en demande pardon au lecteur.

8 octobre. — La façon dont les Jacobins entendent la *liberté* mérite d'être étudiée de près.

Un membre s'étant plaint que certains cultivateurs aient ensemencé leurs terres autrement qu'en blé, un autre membre émet le vœu que désormais le cultivateur soit privé du droit abusif de cultiver sa terre à sa guise. Il demande une loi pour mettre un terme à *un tel abus de la liberté!*

Décidément le citoyen Dubouchet est un habile. Il excelle à tirer la Société des mauvais pas où elle s'engage. On se souvient de l'une des accusations fulminées par la Société dans son long réquisitoire contre la municipalité. Elle reprochait, entre autres griefs, à son ennemie d'avoir fait ou laissé s'asseoir sur la charrue triomphale à côté d'un vénérable vieillard une fille connue pour ses mœurs légères. Cette jeune personne se nomme Marie-Louise *(alias* Thérèse) *Qualité.* En sa qualité de *déesse de la Liberté* elle n'entend pas être outragée, surtout par des gens qui se proclament ses adorateurs. En conséquence, elle porte plainte devant la Société populaire des paroles outrageantes qui ont été prononcées à la tribune contre son honorabilité. Mais la pauvre enfant a compté sans le talent de prestidigitateur du citoyen Dubouchet. Le citoyen Dubouchet intervient gravement. Avec un aplomb digne du représentant d'une grande nation, il soutient cette thèse originale que tout orateur parlant du haut de la tribune populaire est sacré, et que toute parole prononcée en ce lieu s'élève au-dessus des plaintes et des récriminations des personnes outragées. La liberté de la tribune est inviolable. Et voilà.

Du reste, il l'affirme, l'affaire n'aura pas de suites.

Et il faut lui rendre justice, tout se passe comme il le dit. L'affaire est étouffée, moyennant finances, cela s'entend.

C'est égal, pour un sans-culotte, on conviendra que le citoyen Dubouchet ne manque pas d'esprit.

Immédiatement après, il fait preuve de la passion révolutionnaire et jacobine la plus déplorable. Comme si les Montagnards provinois n'avaient pas une tendance suffisante à incriminer leurs concitoyens, ce représentant monte à la tribune pour prêcher énergiquement la dénonciation comme le plus patriotique et comme le plus saint des devoirs. Tous les *tièdes* dénoncés! tous les *timides* dénoncés! tous les gens *dont on ne se sent pas tout à fait sûr*, dénoncés! On le voit, c'est tout simplement le régime des *suspects* importé à Provins par ce *bon bougre*.

Et ce n'est que le commencement de la croisade.

Quelqu'un fait cette remarque que le receveur de la ville ne rend jamais de compte au peuple. « C'est un abus. » s'écrie ce citoyen. « Évidemment, répète Dubouchet en criant encore plus fort, c'est un abus! Mais il est temps de mettre un terme aux abus, et demain, sans plus tarder, le peuple verra la fin de tous ces abus signalés! »

Dès le lendemain, en effet, Dubouchet renverse la municipalité et la remplace par une municipalité provisoire de son choix.

Quelqu'un demande où en est la fabrication des piques. Dubouchet, en ce moment roi de Provins, répond que la Convention ayant ordonné la fabrication de cinq millions de fusils, la fabrication des piques devient inutile, et qu'il a donné l'ordre de la suspendre.

9 octobre. — Le citoyen *Rousselin* monte à la tribune et, dans un discours très énergique rappelant et confirmant tout ce qui a été dit une première fois par le représentant Dubouchet, soutient comme lui que le premier devoir d'un

vrai patriote est de dénoncer les faibles et les modérés.

Le citoyen Dubouchet réitère ses exhortations et fait un nouvel et chaleureux appel aux dénonciateurs.

Ceux-ci ne se font pas attendre.

Séance tenante, et pour prouver aux deux éloquents orateurs que leurs paroles ne sont pas perdues, on dénonce le citoyen *Rousselet**, ci-devant avocat. Rousselet est accusé de deux crimes bien difficiles à pardonner. Le premier, c'est d'avoir, étant député à la Constituante, conçu l'ambition d'en revenir avec des lettres de noblesse. C'est déjà grave. Mais que pensera-t-on de ce qui suit? Rousselet, on l'affirme, a osé exprimer l'opinion qu'une constitution républicaine n'était pas ce qui convenait le mieux à un pays comme la France, et qu'elle s'accommoderait mieux, suivant lui, d'un roi constitutionnel avec deux chambres !!!

L'affaire est renvoyée au comité de surveillance.

Le citoyen Dubouchet est un sans-culotte,

---

* Rousselet (Michel-Louis), 1746-1834, membre de la Constituante.

cela va sans dire. Mais sa fougue l'emporte quelquefois un peu trop loin. En entendant la lecture d'un rapport il saisit au vol, et un peu trop à la légère, une occasion nouvelle de donner une leçon de civisme. Dans le canton de Nangis se seraient produites quelques incorrections relatives à l'observation de la loi sur les subsistances. Là-dessus Dubouchet s'enflamme. Il interpelle les deux commissaires de Paris pour les subsistances et il les somme de lui fournir sur ce sujet les explications nécessaires.

Les commissaires, fort paisiblement, donnent au citoyen représentant et à la Société les informations les plus détaillées et les plus précises sur tout ce qui concerne la question, et de leurs déclarations il ressort que le département de Seine-et-Marne a fait largement son devoir. Ces citoyens ont parcouru dans tous les sens les divers cantons du district. Ils ont encouragé et soutenu l'esprit public, ils ont fait parvenir à Paris quarante mille boisseaux de blé, tous les moulins à l'entour sont remplis de blé, et le grenier d'abondance en renferme neuf mille boisseaux.

Le citoyen Dubouchet s'aperçoit qu'il a

soupçonné à tort des fonctionnaires ne méritant que des éloges. Avec son adresse accoutumée il change pour eux les reproches sanglants en louanges pompeuses, puis, pour ne pas laisser le public sous le coup d'une impression fâcheuse, il menace de ses foudres les malveillants qui n'existent pas.

Un incident assez curieux se produit à cette séance et donne la mesure du gâchis dans lequel on patauge. Les membres de la Société populaire provinoise, qui jouent à la Convention nationale, ne se bornent pas à imiter de celle-ci les intempérances de langage, ils la singent encore dans ses luttes intestines et dans ses déchirements haineux et implacables. Une véritable conspiration est ourdie dans son sein. Un parti a médité la ruine de l'autre, et, pour se débarrasser de lui, ne trouve pas d'autre procédé que le procédé en usage entre Girondins et Montagnards. Hâtons-nous d'ajouter à la guillotine près. Mais leur arme favorite est la délation sournoise et le décret d'arrestation lancé en vertu de pouvoirs occultes trop redoutés pour que personne songe à en contester la légalité.

C'est ainsi que les citoyens Vaulegeard,

Désert et Coppin sont à la veille d'être incarcérés sur la dénonciation de leurs frères Gorgone et Arpin. On les accuse d'être trop encombrants, d'obséder de leurs personnalités le représentant en mission. On affirme que s'ils disparaissent de la scène politique provinoise la ville en deviendra plus tranquille. La discussion la plus vive s'engage sur ce sujet.

Quelqu'un fait remarquer judicieusement que dans cette affaire les animosités personnelles paraissent jouer le grand rôle. Tel est l'avis du citoyen représentant, qui a l'art d'apaiser ces enragés par quelques paroles vraiment patriotiques et honnêtes. Il proclame que c'est manquer au premier devoir d'un vrai républicain que de songer à des intérêts individuels et à des questions de rivalité au lieu de s'occuper des intérêts publics.

Dans cet exemple, comme dans beaucoup d'autres, le citoyen Dubouchet, semblable à ses collègues de la Convention, sait, à l'occasion, trouver dans la sincérité de ses sentiments des paroles vraiment dignes d'un représentant du peuple, et tout à fait différentes de son emphase et de sa rhétorique habituelles.

A la suite de cette sage intervention, les

frères ennemis dont je viens de citer les noms se rapprochent les uns des autres, et, sur l'invitation cordiale de Dubouchet, échangent entre eux des poignées de main et la promesse d'oublier ce qui s'est passé. Cette petite scène de famille, dans sa simplicité, ne manque pas de grandeur.

Mais il était dit que cette séance serait marquée par des émotions. Il s'y déroula un petit drame de l'intérêt le plus palpitant, et qui, non seulement par la nature du sujet mais aussi par le caractère des personnages, ne pouvait manquer d'exciter au plus haut point l'enthousiasme du public spécial d'un club patriotique.

Le citoyen Lebœuf, juge de paix du canton d'Augers, avait été incarcéré sous le prétexte qu'il ne s'était pas opposé avec assez d'énergie aux insultes qui avaient été faites par la population à l'arbre de la liberté.

La malheureuse femme du juge de paix, dans une lettre noble et touchante, expose à la Société les faits tels qu'ils se sont passés.

Son mari, ce jour-là, était absent d'Augers pour ses fonctions qui l'appelaient ailleurs. Elle ajoute que son fils est soldat volontaire et à la veille de partir pour l'armée. « Quelle sera sa douleur en se séparant de sa mère pour aller défendre la patrie, de laisser son père enfermé injustement dans une prison ! » Elle conjure la Société de revenir sur une décision prise légèrement et qui frappe un innocent.

A ce moment même un jeune soldat de belle mine entre dans la salle. Il s'avance devant la tribune et présente à Dubouchet des pièces attestant la rigoureuse exactitude de tout ce qui est énoncé dans la lettre de sa mère. Tous les assistants sympathisent de cœur avec ce jeune homme.

Cette fois encore le citoyen Dubouchet montre la bonté de son cœur. Il examine attentivement les papiers, se rend compte de la situation, et sans plus tarder ordonne la mise en liberté immédiate du citoyen Lebœuf, « dont la cause, dit-il gracieusement, ne peut qu'être gagnée du moment qu'elle est plaidée par de tels avocats ».

Le public transporté fait fête au jeune militaire, et quelques instants après le citoyen Lebœuf en propre personne se présente devant la société pour la remercier de cet acte de justice et pour affirmer devant elle la pureté de ses sentiments patriotiques.

6.

Ce dénouement, qui satisfait tout le monde, est salué par les applaudissements de tous les sociétaires auxquels se joignent ceux du public.

19 vendémiaire an II (10 octobre 1793). — La scène touchante de la séance précédente a son écho dans celle-ci. Les gens d'*Augers*, vraisemblablement émus par la conduite du citoyen Dubouchet et par la libération de leur juge de paix, peut-être même à l'instigation de celui-ci, changent immédiatement leurs opinions politiques, et, de réactionnaires qu'ils étaient en voulant détruire leur arbre de la liberté, se déclarent sans-culottes. Ils expriment le désir de fonder chez eux une société populaire sur le modèle de celle de Provins, et même un comité de surveillance. Et pour parvenir à ce résultat ils sollicitent l'appui de la Société. Accordé. On enverra à Augers des commissaires chargés d'organiser Augers à l'instar de Provins, c'est-à-dire conformément à la méthode jacobine.

20 vendémiaire an II (11 octobre 1793). — Le citoyen *Colbault*, curé de Saint-Martin-du-Boschet, présente à l'approbation de la Société tout un plan de réformes concernant l'armée.

L'opinion du citoyen Colbault est que les militaires aient les mêmes droits politiques que les civils. Il n'aperçoit entre les citoyens retenus momentanément sous les drapeaux et les autres aucune différence.

En outre, le curé Colbault ne veut plus de généraux.

Le curé Colbault ne veut pas davantage que le soldat soit astreint à une discipline. « Car, dit-il, toute discipline n'est-elle pas une entrave aux droits du citoyen et à sa liberté? »

Dans cette circonstance le citoyen Dubouchet s'élève vraiment à la hauteur de son mandat. Au nom du bon sens, au nom du patriotisme, au nom des plus pures et des plus saines maximes républicaines, il condamne ces maximes dissolvantes.

Avec beaucoup d'esprit et d'à-propos, il rappelle que « ces fameux Romains, dont on parle sans cesse et dont on cite constamment l'exemple, tout en chérissant la liberté et en versant généreusement leur sang pour elle, n'ont jamais, à aucune minute de leur histoire, cessé de regarder la discipline militaire comme le vrai boulevard de la patrie; que sans discipline il n'y a plus d'armée et que sans armée il n'y a plus de nation ».

Voilà de belles et fortes paroles, citoyen

Dubouchet, et qui vous vaudraient nos applaudissements, même après cent quatorze années ! Toute la Convention respire dans cette mâle réponse. Car la Convention fut avant toute autre chose la grande patriote, la grande Française. Qu'on pense ou qu'on dise ce qu'on voudra de ses fautes, à force de militarisme elle réussit à nous sauver de l'invasion étrangère... Là fut sa grandeur.

21 vendémiaire an II (12 octobre 1793). — Le citoyen Dubouchet fait ses adieux à la ville et à la Société populaire.

Tout bien pesé, son séjour à Provins n'a pas été aussi funeste qu'ont voulu plus tard nous le faire croire certains historiens locaux.

Sans doute il a mis à bas les édiles du temps pour les remplacer par des hommes de son choix. Sans doute à des autorités et à des fonctionnaires quelque peu en désaccord avec ses principes, il a substitué des personnalités dont les sentiments ou les caractères lui offraient plus de garanties pour l'intérêt général. Mais ce fut à ces actes que se borna sa tyrannie. Armé d'un pouvoir discrétionnaire, il ne paraît pas en avoir abusé, et nous avons constaté que dans plusieurs occasions il s'était montré bon et généreux. Et qui de nous ne se sentirait porté à une grande indulgence à son égard, en songeant à l'éloquence patriotique avec laquelle il pulvérise les puériles billevesées du curé Colbault!

Le citoyen Dubouchet avait été envoyé en mission à Provins pour y rallumer l'ardeur républicaine un peu attiédie. Il peut se vanter, en s'éloignant de la ville, d'avoir admirablement rempli son mandat. La Société populaire, notamment, voit s'ouvrir pour elle, après son départ, une période de fièvre révolutionnaire et montagnarde d'une intensité nouvelle.

On fait inscrire sur les murs intérieurs de la salle des séances la devise :

Liberté, Égalité ou la Mort.

On prépare l'inauguration des bustes de J.-J. Rousseau, de Franklin et de Marat! Trinité qui nous offense, mais qui à cette heure paraissait la logique même.

Les dénonciations pleuvent.

On dénonce le gardien de la maison d'arrêt. On l'accuse de traiter les détenus avec *inhumanité, contrairement aux principes de la déclaration des Droits de l'homme.*

On dénonce un malheureux perruquier. On l'accuse d'avoir, à son retour de Rouen, dit à plusieurs Provinois que la loi du *Maximum* n'était nullement observée dans cette ville.

On dénonce... un peu tout le monde.

C'est la conséquence d'une circulaire du ministre Bouchotte, destinée à enflammer le zèle des citoyens et à provoquer les délations.

24 vendémiaire, an II (15 octobre 1793). — Deux petites erreurs sont commises, puis réparées :

A Chalautre-la-Petite, le Comité révolutionnaire, jaloux de prouver son activité, arrête une voiture de vin sous le prétexte que le charretier n'est pas porteur de l'acquit à caution exigé par la loi. Mais, l'affaire étant arrivée au district, on s'aperçoit que la loi vise uniquement les voitures de blé, non les voitures de vin.

La seconde erreur est plus grave.

Le citoyen Vaulgeard, ex-oratorien, monte à la tribune pour appeler solennellement l'attention de la Société sur les inconvénients des réceptions trop faciles. Il cite l'exemple d'un citoyen nommé Royer, qui a été reçu trop légèrement et qu'il accuse d'être un aristocrate.

Mais en parlant ainsi le citoyen Vaulgeard ne sait pas que le citoyen Royer est dans la salle.

Celui-ci demande la parole.

Il prononce un discours des plus adroits et dans lequel il réduit à néant l'accusation injuste qui vient d'être lancée contre lui. Il démontre qu'il est aussi pur Montagnard que son accusateur lui-même, et, en manière d'argument décisif, il se met à chanter plusieurs chansons patriotiques dont il est l'auteur. Nous devons croire que ses chansons étaient bien entraînantes ou qu'il les chanta avec bien de l'énergie, car la Société et les assistants électrisés proclamèrent immédiatement, et avec enthousiasme, l'excellence de son sans-culottisme, et le citoyen Vaulgeard fut amené à reconnaître, non sans confusion, qu'il avait été victime d'un faux rapport. La conclusion assez plaisante fut que l'accusateur et l'accusé se jetèrent dans les bras l'un de l'autre, l'un pardonné, l'autre pardonnant.

25 vendémiaire, an II (16 octobre 1793). — Un petit incident qui ne mériterait pas d'être relevé, si, en commençant ce travail, nous ne nous étions imposé la loi de consigner sans parti pris tout ce qui nous paraîtrait de nature à nous éclairer, soit en bien, soit en mal, sur le

caractère vrai de la Société. Le cas suivant est plutôt à son honneur.

Il s'est élevé entre deux citoyens également chers à la Société une querelle dont tout le monde s'afflige. Le citoyen *Rousselin*, commissaire du pouvoir exécutif provisoire, et le citoyen *Dubouchet*, représentant du peuple, sont devenus des ennemis acharnés. Ils échangent entre eux des accusations et des invectives, des paroles de haine. La Société, obéissant à un sentiment auquel nous ne pouvons qu'applaudir, juge à propos de s'interposer entre ces deux adversaires, qu'elle estime également, et de leur écrire à ce sujet pour essayer de les réconcilier.

Elle y réussit.

Un représentant du peuple, le citoyen *Garnier**, qui se rend à Troyes en qualité de commissaire de la Convention, passe par Provins et s'y arrête. Il assiste à une séance de la Société populaire. Dès qu'il a décliné son nom et sa qualité, la Société veut lui faire honneur. Il se récuse, disant qu'il se présente comme simple

---

* Garnier (Antoine-Charles-Marie), avocat, né à Troyes, 1742-1805.

citoyen, non comme député. On insiste. Il cède et monte à la tribune.

Il y prononce une petite allocution tellement prétentieuse et emphatique qu'elle obtient les applaudissements enthousiastes de la Société et des tribunes.

Entre autres images que lui suggère son éloquence, il faut noter celle-ci comme modèle du genre :

« Les sociétés populaires, dit-il, sont le soutien de notre sublime Révolution, et elles la supportent comme le vigoureux Atlas portait le monde sur ses épaules robustes. »

Mais le représentant Garnier ne s'en tient pas à cette rhétorique grotesque, chère à son époque; à poings fermés il tombe sur la magistrature d'antan, et il peint celle-ci sous des couleurs « plus noires encore que celles qui sont dues aux corporations religieuses et sacerdotales ». Telles sont les expressions du rapporteur. Le triomphe de l'orateur est complet.

Dans un club jacobin, il faut s'y accoutumer, les orateurs, comme les propositions, se succèdent et ne se ressemblent pas. Un membre monte immédiatement à la tribune après le citoyen Garnier et fait — suivant le rapporteur —

une motion *vraiment civique*. Il fait valoir le prix actuel des *pommes de terre* et la nécessité de les cultiver *abondamment*. Il demande que les cultivateurs soient obligés *par une loi* à abandonner aux malheureux une certaine partie de leur récolte de pommes de terre. « C'est une question à étudier, — conclut la Société, — et on avisera de cette idée la Convention, notre mère commune. » Certainement cette idée niaise émanait d'un cerveau peu sain, et nous aurions le droit de n'en pas tenir compte; mais l'incident ne démontre-t-il pas une fois de plus combien les Jacobins faisaient bon marché de l'individu et avec quelle facilité ils le sacrifiaient à ce qu'ils croyaient être l'intérêt général.

Le citoyen *Garnier* informe la Société que récemment sont passés à Provins trois individus se qualifiant de commissaires du pouvoir exécutif. Il craint que l'un de ces hommes ne soit autre qu'un certain chef de bataillon parisien, lequel, à la journée du 10 juin, a fait preuve d'un attachement scandaleux à la *Louve autrichienne* et au *Tigre royal* et a voulu faire tirer sur le peuple.

Renvoyé au Comité révolutionnaire pour supplément d'information.

En attendant, le monstre court les champs.

26 vendémiaire an II (17 octobre 1793). — Avant la lecture du procès-verbal, un membre « annonce avec la joie que tout homme juste et républicain doit éprouver, que la tête de l'Autrichienne, ci-devant reine de France, auteur de tous les maux de la nation, a sauté, en expiation de tous ses crimes »! Cette nouvelle a été couverte à plusieurs reprises par les plus grands applaudissements.

Un membre fait remarquer combien il serait désirable que les rues aboutissant à la salle des séances de la Société fussent désignées par des dénominations nouvelles mieux en rapport que les noms actuels avec le caractère de leurs fonctions patriotiques.

Après discussion approfondie on arrête que :

1° La rue principale allant de l'extrémité de la rue du Val à l'église des Jacobins, quittera son nom de rue des Barbeaux, aujourd'hui *de la Bibliothèque*, et prendra celui de rue *des Sans-Culottes*.

2° Que les deux rues Sainte-Croix et chaussée Sainte-Croix prendront conjointement l'unique nom de rue *des Montagnards*.

3° Que la rue Margot* prendra le nom de rue des *Hommes-Libres*.

Cet utile travail achevé, on chante des couplets de circonstance en réjouissance « de ce que la tête de Marie-Antoinette Capet a été fauchée par le glaive vengeur national ».

27 vendémiaire an II (18 octobre 1793). — Interdiction générale et définitive de toutes fonctions civiles aux ecclésiastiques. Voilà ce qui est demandé par la Société populaire, le curé de Saint-Ayoul, citoyen Lambert, étant secrétaire.

Les séances se succèdent les unes aux autres avec une monotonie désolante. Toujours les mêmes dénonciations, toujours les mêmes démonstrations exagérées de sans-culottisme, toujours les mêmes déclamations emphatiques et théâtrales.

Parfois quelque incident amusant se détache de ce fond ennuyeux.

Un marchand de vins a eu le tort de bavarder trop facilement devant de jeunes volontaires. Ceux-ci, en vidant un verre à son comptoir, causaient de la loi du *Maximum*. Ils deman-

---

* Aujourd'hui *Toussaint-Rose*.

dèrent au commerçant quelle était son opinion sur cette question à l'ordre du jour, quel résultat cette loi amènerait dans son commerce. Le marchand répondit en riant que la loi ne lui causerait pas de tort, par la raison que si le vin ne pouvait plus être vendu que trente centimes le litre il mettrait de l'eau dedans et d'un seul litre en ferait deux. Graves paroles, dont le malheureux aura à se justifier. Un membre est chargé de faire l'enquête.

Et au milieu de toutes ces niaiseries les sentiments les plus généreux, l'esprit de solidarité, la fraternité souvent la plus touchante.

Exemple :

Un cultivateur de Gouaix est ruiné par un incendie. A cette époque les assurances n'avaient pas encore été inventées. Le désastre était irréparable. Aussitôt la Société ouvre une collecte pour venir en aide au sinistré. Cette collecte est renouvelée à plusieurs séances consécutives, tout le monde s'empresse de donner, et le résultat est assez appréciable pour soulager momentanément le malheureux.

Détail à noter. Au nombre des donateurs il en est un qui donne quatre boisseaux de blé. Pour un temps de disette, le cadeau était beau, surtout de la part d'un citoyen qui n'était pas cultivateur et qui par conséquent était obligé d'acheter ce blé pour le donner.

Mais c'est principalement dans les offrandes d'un caractère patriotique que se manifeste cette noble tendance de la population provinoise à la libéralité et au dévouement.

La Convention nationale, qui s'est donné pour mission de sauver la patrie par tous les moyens, a fait appel à la nation. Elle convie tous les citoyens français à venir en aide à la République au moyen d'offrandes en nature destinées à l'armée. Il va sans dire que dans cette occasion les sociétés populaires sont appelées à jouer un rôle considérable et que de toutes leurs forces elles cherchent à servir l'intérêt patriotique de la défense nationale. Leur influence est toute-puissante, et l'on ne sait ce que l'on doit le plus admirer ou du zèle qu'elles apportent à enflammer les citoyens, ou de l'ardeur que mettent les citoyens à répondre à leur appel. L'élan est unanime. Riches ou pauvres, tous donnent quelque chose. Sans doute parmi ces dons il s'en trouve beaucoup d'inutiles, quelques-uns de ridicules. Mais, en dépit de tout, pourrons-nous refuser nos applaudissements à ce concours de bonnes volontés, à cette fièvre généreuse qui au cri de la patrie en danger exalte l'âme de nos pères en ces jours terribles?

Le district offre au gouvernement *un cavalier* habillé, équipé et monté. C'est à qui offrira un don à ce cavalier. Le plus grand nombre des donateurs offrent une chemise, de sorte que le cavalier, en supposant que toutes ces unités lui soient effectivement attribuées, se trouvera au bout de peu de jours en possession d'un stock de chemises suffisant pour satisfaire aux besoins d'un régiment tout entier.

La citoyenne Finot est une indigente, tout au moins une ouvrière qui n'a que son travail pour vivre et qui en vit difficilement. Elle offre une chemise confectionnée par elle.

Mais en même temps que ces offrandes utiles, et devant lesquelles nous nous inclinons respectueusement, il en est d'un autre ordre que nous ne consignons qu'à regret et sous une impression pénible. Ce sont toutes celles qui affluent à la Société pour grossir les *autodafés* destinés dans la pensée de la nation à faire disparaître toutes traces de l'*infâme féodalité*. Que de richesses ont été alors dévorées par les flammes sans profit pour la République! Que de documents historiques précieux ont été perdus par la stupidité et la folie de quelques énergumènes !

Même dans ces jours de despotisme populaire on retrouve encore, non sans un peu d'orgueil pour la nature humaine, des caractères fortement trempés et sachant défendre l'indépendance de leur pensée. L'exemple est bien extraordinaire.

Un canonnier demande la parole et l'obtient.

Ce canonnier s'étonne qu'un membre ait demandé que toutes les croix étant dans la ville fussent abattues. « Car, dit-il, les croix sont le signe d'un culte que le peuple a adopté, que la loi a consacré en décrétant la liberté des cultes, et, par conséquent, c'est au peuple, et au peuple seul, qu'il appartient de déterminer si les croix doivent être enlevées ou si elles doivent être maintenues. Vouloir les anéantir, c'est attaquer les droits et la souveraineté du peuple. »

Chose étrange, ce discours, si opposé à l'esprit montagnard, souleva les applaudissements de la Société et ceux des tribunes. On le jugea *fondé sur les bons principes*. C'était l'expression consacrée.

Songez que nous sommes, en ce moment, en

pleine *Terreur*. De nos jours, ce canonnier-là serait conspué.

28 vendémiaire an II (19 octobre 1793). — Un membre propose d'ouvrir la Société aux citoyennes qui solliciteront l'honneur d'en faire partie en se soumettant aux épreuves statutaires.

La motion est appuyée et renvoyée au Comité.

29 vendémiaire an II (20 octobre 1793). — — Un citoyen propose qu'il soit « décerné par la Société une couronne de chêne aux Montagnards de la Convention en reconnaissance des grands services qu'ils ont rendus et qu'ils continuent de rendre à la République ». Cette demande est couverte d'applaudissements.

Un citoyen, très connu pour son sans-culottisme et pour son assiduité aux séances, demande à la Société si elle veut bien le recevoir comme membre, mais en l'exemptant de payer la cotisation, ses ressources pécuniaires ne lui permettant pas cette dépense. On lui répond que le cas n'a pas été prévu par le règlement, mais que la question sera portée devant le Comité pour que celui-ci décide s'il n'y aurait pas lieu de reviser le règlement.

On communique une anecdote à la fois plaisante et patriotique. Un mariage a eu lieu à Sourdun. La mariée eut la charmante inspiration d'attacher à l'arbre de la Liberté planté sur la place du village un ruban tricolore offert par elle, et, à la sortie de l'église, toute la noce se réunit autour de l'arbre et s'y livra à des danses et à des chants en l'honneur de la République. C'est d'un excellent exemple. Tout le monde applaudit.

Une affaire assez délicate. On sait que les détenus suspects ont été transférés au ci-devant couvent des ci-devant Jacobins. Cette maison — paraît-il — est d'une surveillance difficile en raison de la multiplicité des ouvertures sur la rue. Par suite de cette difficulté dans la surveillance, et aussi par suite de la bienveillance naturelle de son caractère, le citoyen Saussoye trouva le moyen d'introduire dans la prison des parents et des amis des malheureux détenus confiés à sa garde. Il eut la faiblesse de se laisser fléchir par des prières, et il commit cette infraction à son devoir. Le fait ayant été révélé, puis avoué, le citoyen fut arrêté, puis incarcéré lui-même. Mais le citoyen Saussoye est membre de la Société populaire, et il y compte beaucoup d'amis. Quelqu'un prend la parole à ce sujet et considère cette arrestation comme une offense à la liberté individuelle. Toutefois, après enquête, la Société apprend que Saussoye a réellement, et de son propre aveu, commis une faute, et que, d'ailleurs, la punition est douce puisqu'elle se réduit à une journée de prison. Là-dessus, on se calme.

1ᵉʳ brumaire an II (22 octobre 1793). — La Société entend la lecture de trois lettres à elle adressées par des citoyennes dont les maris sont détenus comme suspects. Ces citoyennes invoquent en faveur de leurs maris, absolument innocents, l'équité et la bienveillance de la Société. Ce sont :

1° La citoyenne *Bellanger*, femme du citoyen Bellanger, pharmacien ;

2° La citoyenne *Michaud*, femme du citoyen Michaud, meunier au moulin de Saint-Ayoul ;

3° La citoyenne *Rousselet*.

2 brumaire an II (23 octobre 1793). — Les lettres des citoyennes ci-dessus nommées ne sont pas restées inutiles. La Société populaire ne ferme jamais l'oreille aux récriminations qui lui paraissent fondées. Dès le lendemain, les citoyens Bellanger, Michaud et Rousselet se

trouvent inscrits sur la liste des détenus reconnus innocents et relâchés. Un grand nombre d'autres prisonniers partagent leur sort, et le secrétaire a raison de qualifier de *mémorable* « cette séance qui a été remplie presque exclusivement par des actes d'humanité et de justice ».

Je remarquerai, à cette occasion, que mon grand-père, incarcéré le 5 octobre 1793, avait passé dix-huit jours en prison pour avoir signé la fameuse remontrance en date du 22 août. C'était payer un peu cher l'honneur d'avoir fait son devoir sans faiblesse.

Comme à la Société populaire les idées les plus disparates se succèdent les unes aux autres sans trait d'union, on ne s'étonnera pas de lire la motion suivante à côté de ce qui précède : On demande que désormais les membres de la Société ne puissent assister aux séances que coiffés du bonnet rouge. Au point de vue décoratif et pittoresque, il est certain que ce sera mieux que le bonnet de coton ou la casquette.

4 brumaire an II (25 octobre 1793). — Des canonniers de l'armée révolutionnaire, admis à la séance précédente, expriment leur surprise d'avoir vu figurer au nombre des membres de

la Société populaire des prêtres, des hommes de loi et des financiers. Sur la motion d'un membre, il est arrêté à l'unanimité qu'il sera fait une adresse à la Convention nationale pour solliciter une loi ayant pour but d'exclure des fonctions civiles et militaires, des assemblées primaires et des sociétés populaires :

1° les prêtres de tout culte, excepté ceux qui sont mariés ou qui iront aux frontières pour combattre les ennemis de la République ;

2° les financiers et leurs agents ;

3° les membres de l'ancienne magistrature.

Sur la motion d'un membre, la rue des Cordeliers sera nommée désormais rue de *Marat*, la rue du Four-des-Reines prendra le nom de rue *Lepelletier*, et la rue des Allemands deviendra la rue *J.-J. Rousseau*.

A cette occasion il est permis de hasarder quelques réflexions critiques.

Pour la rue du *Four-des-Reines* on sent bien que la Société populaire croit faire acte de patriotisme en substituant le nom sacré d'un martyr de la liberté à un autre nom qui résonne mal à ses oreilles, celui de *reine*. Mais ces citoyens commettent une grossière confusion orthographique et ne se rendent pas compte que la rue dont la dénomination actuelle les offense était, non la rue des *Reines* (reginarum), ce qui n'eût pas signifié grand chose, mais bien la rue des *Raines* (ranarum), c'est-à-dire des *grenouilles*, signification parfaitement motivée par l'emplacement au milieu d'un *marais*.

La rue des Allemands avait l'avantage de rappeler les foires du moyen âge et l'époque de la splendeur commerciale de Provins. Toutefois, nous l'avouons, le nom de J.-J. Rousseau eût pu sans inconvénient être maintenu. De nos jours les édiles provinois ont préféré donner à cette rue le nom de *Pierre Dupont*.

Quant au nom de *Marat*, appelé à désigner la rue des *Cordeliers*, on se demande si vraiment la postérité ne lui eût pas préféré celui de Charlotte Corday. Mais cette glorification d'un monstre fut une folie douce et passagère, folie dont la noble enfant fut la complice inconsciente :

La justice du peuple en aurait eu raison,
Mais ton coup de poignard l'envoie au Panthéon.
(R. Ponsard, *Charlotte Corday*.)

Je rentre à la séance.

Une citoyenne détenue comme suspecte implore l'humanité de la Société populaire. Elle est malade, et le régime de la prison compromet absolument sa vie. On fait une enquête immédiatement. L'enquête étant favorable aux déclarations de la plaignante, on fait droit à sa supplique et on l'autorise à rentrer chez elle pour s'y soigner à son aise.

Vous voyez qu'ils ne sont pas si féroces, nos Montagnards provinois.

6 brumaire an II (27 octobre 1793). — Très malins, les frères de Montauban. Ils réclament une addition à la loi contre les *émigrés*. Ils désirent que l'on ne se borne pas à punir les Français qui ont émigré *de fait*, mais que l'on punisse également les Français qui ont émigré d'*opinion*. Escobar eût dit d'*intention*.

Le citoyen docteur *Naudot** informe la Société que le nom de l'*Hôtel-Dieu* est changé en celui de *Maison de Santé*, et le nom de l'*Hôpital général* en celui d'*Hôpital national*. Voilà de belles innovations !

Le citoyen *Naudot* propose, en outre, de

---

* Naudot (P.-J.-V.) docteur médecin, né à Provins le 27 août 1744, mort le 2 février 1800. Son portrait est conservé au musée de Provins. C'est la reproduction photographique d'un assez curieux dessin de madame Carle Vernet, née Moreau.

débaptiser la rue qui conduit aux *eaux minérales* et de lui donner le double nom de *Pierre Legivre et Michel Lelong*. « Car, dit-il, le premier a découvert nos eaux minérales. » Sur le second il se tait, et il ajoute que « tous les deux sont nés à Provins ».

Il y a dans ces courtes lignes plusieurs inexactitudes qui demandent à être rectifiées par respect pour la vérité historique.

1° Legivre n'a pas du tout découvert les eaux minérales de Provins. Il s'est borné à les faire connaître par son petit livre intitulé : *Anatomie des eaux minérales de Provins* (Paris, Loison, 1654). Il était né à Charly près Château-Thierry. Il n'était donc pas Provinois.

2° Michel Lelong est bien né à Provins. Mais, pas plus que son collègue et contemporain Legivre, il ne contribua à la découverte des eaux minérales de Provins. Il ne paraît même pas s'en être préoccupé outre mesure, ses ouvrages ayant pour objets ou la maladie vénérienne, ou des traductions diverses d'auteurs anciens, soit en vers, soit en prose.

Le médecin à qui Provins doit la découverte de ses eaux minérales fut *Michel Prévost*, né à Donnemarie-en-Montois. On ne s'explique vraiment pas pour quel motif le docteur Naudot, auteur lui-même d'un travail sur les eaux de Provins (1779), a conçu la pensée de faire donner à une rue les noms de deux médecins également étrangers à la découverte de nos eaux, au lieu de proposer le nom de celui à qui Provins les doit.

J'ajouterai que la reconnaissance des contemporains s'était exprimée d'une façon bien large et bien honorable pour l'inventeur de nos eaux minérales. En effet, non seulement la fontaine fut appelée *fontaine Saint-Michel* en souvenir de lui, mais le « maire et les échevins lui accordèrent l'exemption des tailles et des logements des gens de guerre, dans une assemblée tenue à l'hôtel de ville le 6 août 1651, en consentement des habitants, et pour jouir, par lui et sa veuve Anne Guérin après lui, de ces privilèges, il en fut passé contrat le 7 du mois suivant, lequel fut enregistré au bailliage le 27 septembre de l'an 1653 ».

(Voir *Dissertation historique sur les eaux minérales de Provins*, par le s' N. Billate, 1738.)

Parenthèse fermée, je rentre en séance.

Grosse dénonciation. Le commissaire chargé de la vérification des souliers fabriqués pour l'État, en faisant son inspection chez le citoyen ***, cordonnier, a trouvé des souliers défectueux et les a refusés. C'est bien. Mais ce même commissaire, soigneux défenseur des intérêts de la patrie, a songé aux siens en rachetant à bas prix ces souliers déclarés par lui défectueux, pour les revendre à l'administration comme s'ils étaient excellents.

L'affaire est renvoyée au comité.

Très sage mesure relative aux chants patriotiques. La Société semble vraiment quelque peu scandalisée de l'abus que l'on en fait. Désormais on ne chantera plus que les *décadis*. Trois fois par mois ce sera suffisant.

9 brumaire an II (30 octobre 1793). — Un citoyen perruquier avait hérité de son père le nom odieux de *Leroi*. Pour un sans-culotte c'était inadmissible. Il demande à troquer patriotiquement ce nom abhorré contre celui de *Marat*. A la bonne heure.

Un vieux patriote de Fontaine-Riante, que nous retrouverons souvent dans ces pages, se déclare prêt à verser son sang pour la patrie à l'imitation de *Marat!*... On l'acclame, mais aucune Charlotte Corday ne se présente pour le satisfaire.

Un despote en bois est déposé sur le bureau pour être brûlé comme tous les autres souvenirs de l'infâme royauté. Archéologie et sansculottisme sont choses différentes.

10 brumaire an II (31 octobre 1793). — Le citoyen *Duportail* complimente la Société pour les mesures prises par elle et qui ont eu pour objet d'exclure de son sein tous les éléments impurs, notamment les prêtres, les ci-devant nobles et leurs ci-devant agents, et les financiers. Il fait jurer haine aux tyrans, aux modérantistes, etc. Il obtient un beau succès.

On annonce la nouvelle de la *condamnation à mort des Girondins*. L'enthousiasme est général. On propose une fête pour célébrer cet heureux événement.

12 brumaire an II (2 novembre 1793). — « Les membres de la commission municipale, sur la réquisition du procureur de la commune, arrêtent, sur le vu du décret de la Convention nationale qui ordonne l'insertion au Bulletin d'une motion tendante *à obliger tous les citoyens à se tutoyer réciproquement, suivant et ainsi que le prescrivent les règles de la langue française,* que les membres de la commission municipale qui manqueront à ces règles à l'égard de leurs col-

lègues seront sur-le-champ rappelés à l'ordre par le président. » (Voir *Archives municipales*.)

Bien que ce petit arrêté n'ait aucune relation filiale avec la Société populaire, je n'ai pu résister à la tentation de le glisser ici à son ordre chronologique, tant il m'a paru amusant.

19 brumaire an II (9 novembre 1793). — Enfin les bustes si longtemps attendus sont dans nos murs! C'est grâce au citoyen *Rousselin* que la Société va les posséder. On le supplie de rester quelques heures à Provins pour assister à l'inauguration.

Le citoyen Rousselin, qui assiste à la séance, est témoin d'un incident bien fait pour attendrir son cœur de bon sans-culotte.

Le citoyen *Pichon*, ci-devant curé de Cucharmoi, monte à la tribune. A la face de tous, il répudie son passé, il regrette d'avoir consacré à l'Église les plus belles années de sa vie, « d'avoir vécu trop longtems dans un état de stupeur et de fénéantise en se livrant au culte des autels ». Il veut consacrer le reste de ses jours à la patrie. Dès cette heure il abjure la prêtrise et il dépose sur le bureau ses lettres de prêtrise pour être brûlées avec tous les autres témoins de la féodalité.

Une immense acclamation salue cette déclaration patriotique. Séance tenante, on décide que le citoyen Pichon, qui n'avait été exclu de la Société qu'au titre de curé, est réintégré dans sa qualité de membre.

Le citoyen *Letondeur*, ci-devant curé de Soisy, ayant, lui aussi, abjuré la prêtrise, reçoit également les applaudissements de la Société, et l'accolade du président.

20 brumaire an II (10 novembre 1793). — Le citoyen Pichon, ex-curé, prend de nouveau la parole. Il développe les raisons de sa conduite. Il fait une profession de foi tout à fait explicite et s'exprime en disciple très éclairé, et en apparence très sincère, de la philosophie de J.-J. Rousseau. En réalité, il n'a été curé que quatre années. Il est donc fort jeune et il a le temps de réparer son erreur de jeunesse. Désormais il travaillera de ses mains, il exercera un métier pour vivre. L'enthousiasme du public n'a pas de bornes. La Société électrisée vote l'impression de ce discours pour qu'il soit envoyé à toutes les communes du district et à toutes les sociétés affiliées.

Pour perpétuer le souvenir de ce grand jour on décide que les deux vers suivants du *Maho-*

met de Voltaire seront inscrits sur les murailles de la salle des séances :

Les prêtres ne sont pas ce qu'un vain peuple pense ;
Notre crédulité fait toute leur science.

Enfin on procède à l'inauguration des bustes nouvellement reçus et installés.

Trois discours sont successivement prononcés, l'un pour louer *Brutus*, l'autre pour honorer *Lepelletier*, et le troisième pour glorifier *Marat*. Triomphe en trois actes.

Là-dessus on lit une lettre de la Société mère félicitant sa fille, la Société de Provins, de sa *régénération*.

On décide d'envoyer à la Convention une adresse de félicitations à l'occasion de l'énergie qu'elle a déployée contre *les conspirateurs traîtres à la patrie* (les Girondins).

27 brumaire an II (17 octobre 1793). — La séance débute par une idylle. Quatorze jeunes Provinoises ont tressé des couronnes destinées aux bustes dont on a lu l'inauguration solennelle. Ces jeunes filles sont admises dans la salle des séances et s'avancent processionnellement (tant pis pour le cléricalisme de l'expression), puis, d'un pas *majestueux* (sic),

vont déposer sur les « têtes des trois saints » nouveaux des couronnes tressées de leurs mains.

Cette petite scène se termine, cela va sans dire, par la *Marseillaise* chantée par tout le monde.

L'exemple du ci-devant curé de Cucharmoy est imité par un certain nombre d'ecclésiastiques de la région.

Le curé de *Lours*, le prieur de *Sourdun*, ainsi que son vicaire, renoncent à la prêtrise. Le curé de *Saint-Ayoul*, le citoyen *Lambert*, bon sansculotte, du haut de sa chaire déclare à ses paroissiens que, au lieu de perdre leur temps à l'église, ils feraient bien mieux de fréquenter les séances de la Société populaire, où ils puiseraient les principes de la plus saine morale.

Les dons pleuvent. Dons en nature, tels que chemises, serviettes pour bandages, bas de laine ; dons en espèces. Femmes, fillettes, citoyens et jeunes garçons, tous rivalisent de bonne volonté dans le sacrifice. C'est un spectacle qui repose des déclamations oiseuses.

1er frimaire an II (21 novembre 1793). — Un peu égoïste, la Société.

Le son des cloches appelant les fidèles aux

exercices religieux trouble ses réunions. Elle exige que les cloches se taisent.

Mais, d'autre part, les cloches lui sont fort utiles pour appeler les citoyens à ses séances. Elle arrête, en conséquence, que les cloches sonneront pour elle seule et non pour les autres.

Un peu égoïste, la Société.

Un canonnier, qui paraît au courant du progrès, informe la Société que le ci-devant *signe de croix* a été remplacé et républicanisé. On lui a substitué « *celui au nom de Marat, Lepelletier, la liberté ou la mort* » (sic). C'est bien long à prononcer.

Je copie textuellement ce qui suit.

« Le premier enfant à qui fut donné le nom de *Marat* est (sur l'invitation antérieure du président) présenté à la Société par sa nourrice. Le président, au nom de la Société, lui donne le baiser fraternel. »

Voici les informations précises que j'ai relevées à cette occasion sur le registre de l'état civil de la ville de Provins :

Le 10ᵉ jour de la 2ᵉ décade du 1ᵉʳ mois de l'an 2 (lisez : 20 vendémiaire an II — 11 octobre 1793), présentation d'un enfant, du sexe masculin, ayant pour père Louis Regnault, manouvrier, et pour mère Marie-Anne Mesquin. Les parents ont donné à cet enfant les prénoms de Louis-François-*Marat*.

C'est le premier Marat provinois, celui dont il est question ici. Mais Provins en connut d'autres.

Je noterai à la date du 18 nivôse an II (7 janvier 1794) un second petit *Marat*, fils de Cartier, jardinier ; et à la date du 6 fructidor an II (23 août 1794), un troisième petit *Marat*, fils de Chauchet, compagnon tanneur.

Le 9 thermidor put seul mettre un terme à cette invasion maratiste.

A titre de pure curiosité, j'ajouterai à ma collection deux jumeaux présentés par Beaujan, garde-moulin, le 23 prairial an II (11 juin 1794), et auxquels leur père a donné plus ingénieusement et plus patriotiquement les prénoms de *Barra* et de *Viala*.

2 frimaire an II (22 novembre 1793). — Séance remarquable, ne fût-ce que par la longueur des discours qui y sont prononcés.

Le citoyen *Camus**, député de la Convention

---

* Camus (Armand-Gaston), avocat, 1740-1804. Il était en mission au moment du jugement de Louis XVI. Il écrivit

nationale, est arrivé à Provins en qualité de commissaire.

Convocation extraordinaire.

Le citoyen Camus donne de grands éloges à la Société, et, après avoir provoqué par sa rhétorique les plus chaleureux applaudissements, il fait voter un certain nombre de propositions, dont la suivante est à retenir :

« La Société populaire invitera le comité révolutionnaire à envoyer au comité de sûreté générale de la Convention :

« 1° La liste des *contre-révolutionnaires* arrêtés dans le district de Provins, afin que ceux-ci soient traduits au tribunal révolutionnaire ;

« 2° celle des *modérés*, pour qu'ils soient condamnés à une détention qui n'ait de terme que la paix ;

« 3° celle des citoyens *incarcérés sans motif légitime*, afin qu'ils soient mis en liberté.

« C'est ainsi que le crime recevra sa punition, que le modérantisme sera mis dans l'im-

---

qu'il votait la mort sans sursis ni appel (13 janvier 1793). Envoyé auprès de Dumouriez comme commissaire, il fut arrêté par ordre du général et livré aux Autrichiens. Il devint membre de l'Institut, président du Conseil des Cinq-Cents. Il mourut archiviste général. C'était un fort savant homme.

puissance de nuire, et que l'innocent ne sera pas confondu avec le coupable. »

Aux applaudissements de la Société et des tribunes, la proposition est adoptée.

Le citoyen Camus ne ménage pas les louanges à l'adresse des Provinois. Il les félicite d'avoir, cédant à des exhortations successives, rallumé chez eux le foyer du sans-culottisme prêt à s'éteindre, de s'être élevés à la hauteur des événements, de s'être comportés en vrais républicains ennemis du modérantisme et dévoués à la cause de la défense nationale. Il proclame que le district de Provins a fait preuve du plus louable dévouement en se conformant strictement aux ordres du comité de sûreté générale pour l'alimentation de Paris. Il fait remarquer fort judicieusement combien cette grosse question de l'alimentation de Paris a d'importance pour la République tout entière. « Car, dit-il en substance, n'est-ce pas Paris qui a fait la Révolution? N'est-ce pas Paris qui l'a soutenue dans sa marche progressive? N'est-ce pas à Paris que l'on doit toutes les grandes journées révolutionnaires, toutes les insurrections, en un mot chacune des étapes successives par lesquelles a passé la Révolution avant d'arriver au point où nous la voyons aujourd'hui? Sauver Paris, qui est la tête, n'est-ce pas sauver le corps tout entier, qui est la République elle-même? »

L'impression du discours du citoyen Camus est votée à l'unanimité*.

4 frimaire an II (24 novembre 1793). — La Société entend une réclamation absolument sage. Un citoyen monte à la tribune et fait remarquer que le buste d'*Hébert*, c'est-à-dire du *Père Duchesne*, n'est vraiment pas à sa place sur le bureau du président. On a mis là ce buste par reconnaissance pour le donateur. Mais, vraiment, la personnalité du Père Duchesne ne mérite pas cette place d'honneur, surtout en regard des bustes des grands hommes aujourd'hui installés dans la salle. Le citoyen demande que ce buste soit rendu au donateur avec tous les remerciements convenables. La Société approuve et décide la disparition du buste d'Hébert.

---

* Extrait des registres des délibérations de la Société populaire de Provins.
Séance extraordinaire du duodo frimaire, l'an II de la République une et indivisible.
A Provins, de l'imprimerie Michelin père, imprimeur de la Société populaire.

La société est tellement nombreuse aujourd'hui, et ses séances sont tellement suivies par ses membres et par le public, que le local devient insuffisant pour une telle affluence de personnes.

On agite la question de savoir si la Société ne s'installera pas dans l'église Sainte-Croix, où elle serait plus à l'aise.

Un citoyen monte à la tribune pour dire que la citoyenne *Dallé regrette que son quatrième fils ne soit pas encore d'âge à aller rejoindre à l'armée ses trois autres frères pour défendre la patrie.* L'assemblée entière se lève comme un seul homme pour saluer de ses bravos cette magnifique communication.

On nous parle toujours des vieux Romains. Quelle mère romaine a jamais été plus patriote que cette Provinoise-là? Quel vers de Corneille est plus sublime que cette ligne de prose?

Hélas! quel contraste honteux entre les jeunes gens de Saint-Brice et la citoyenne Dallé! Ces jeunes citoyens étaient au nombre de six pour concourir au recrutement de la cavalerie. Suivant le mode du temps, un cavalier devait être *élu* par les cinq autres. Or,

8.

de ces six éligibles cinq sont célibataires, le sixième seul est marié et même père de famille. Croira-t-on que ces jeunes sacripants ont la lâcheté de se concerter entre eux pour nommer le malheureux père de famille et s'exempter eux-mêmes !

Le fait ayant été dénoncé à la Société populaire, celle-ci, obéissant à une juste indignation, nomme quatre commissaires avec pleins pouvoirs pour faire casser cette élection.

Ajoutons tout de suite que l'administration, informée du scandale, avait déjà agi et annulé l'opération.

En regard de cette lâcheté, il convient de relever le fait qui suit.

Un canonnier de la première réquisition se lasse de l'inaction dans laquelle on le laisse. Il demande à la Société populaire de vouloir bien intercéder auprès du ministre de la guerre pour que les canonniers qui attendent leur mise en route soient promptement équipés et dirigés à la frontière, au lieu de perdre leur temps à Provins.

Le député Camus, qui applaudit à cette noble réclamation, promet son concours, aux bravos de toute la salle.

Je demande que ce souvenir historique soit

porté en 1909 à l'ordre du jour du régiment en garnison à Provins à l'époque de la réception des *bleus*.

7 frimaire an II (27 novembre 1793). — La misère est grande dans le district. On nomme une commission de vingt-quatre membres pour parcourir les communes et distribuer les secours votés par l'administration municipale.

Une commission est nommée pour plaider devant qui de droit la cause des citoyens détenus dans les prisons sans motif légitime. Cette commission se rend auprès du tribunal révolutionnaire. La réponse est que le comité de surveillance a devancé le vœu de la Société populaire en envoyant une députation de son sein au comité de sûreté générale près la Convention, et qu'il augure de cette démarche le plus heureux succès. Il demande à la Société de lui adresser une copie exacte des arrêtés pris par elle à la séance du 2 frimaire et relatifs à la question des détenus qu'elle regarde comme susceptibles d'être élargis. Il demande de ces détenus une liste complète. En résumé, le comité de surveillance* est absolument d'ac-

---
* La Société populaire de Provins avait créé deux comités de surveillance, dont l'un pour le quartier Nord et l'autre pour

cord avec la Société pour mettre tout en œuvre dans le but d'obtenir la mise en liberté immédiate des détenus innocents.

On voit que, si les sans-culottes provinois ont été un peu lestes à faire emprisonner ceux qu'ils ont soupçonnés, en revanche ils savent s'unir pour plaider la cause de ceux qu'ils reconnaissent avoir été arrêtés injustement. Cette préoccupation les honore et les domine. Il est peu de séances où quelque membre ne demande ce qui a été obtenu en faveur des détenus innocents et ne se plaigne des lenteurs apportées à la mise en liberté.

Le défilé des dons continue sans interruption. Toujours des paires de bas, toujours des chemises, toujours des pièces d'argent, soit pour les volontaires, soit pour le cavalier.

---

le quartier Sud de la ville. Le représentant Dubouchet réunit ces deux comités en un seul auquel il donna la dénomination de *Comité révolutionnaire*.

Le comité révolutionnaire de Provins comprenait treize membres, savoir :

Le président : Juel-Desjardins, ancien secrétaire du marquis de Chancenest. — Legrand, boucher. — Morin Laval, marchand de fer. — Moreau, cordonnier. — Berthelin, cordonnier. — Simon Jaucourt, tisserand. — Frisx, tailleur. — Philippe, vigneron. — Gergonne, arpenteur. — Colmet, notaire. — Pouplier. — Fariat. — Privé.

Un citoyen fait des réflexions philosophiques sur la vanité des cérémonies qui accompagnent le mariage catholique. Il en rougit maintenant et, par expiation sans doute, dépose sur le bureau, à titre d'offrande patriotique, une pièce d'argent donnée par lui à sa femme le jour de leur union. Un autre va plus loin encore dans le sacrifice : il donne son anneau de mariage. L'offrande a, certes, plus d'intérêt au point de vue du sentiment qu'au point de vue de la valeur intrinsèque.

On se plaint que Provins manque de secours en cas d'incendie. Provins n'a pas de pompes. On demande : 1° que la ville se munisse de pompes à incendie; 2° que, par un arrêté, chaque maison de la ville soit obligée de posséder deux seaux à incendie.

Un ferblantier de Provins offre de fournir à la municipalité trois pompes à incendie pour le prix net de 4.000 francs, laquelle somme lui serait payée par annuités, en vingt ans, sans intérêt. Cette proposition est renvoyée à la commission municipale.

On lit un décret de la Convention conviant les citoyens à faire des dons en linge et vêtements pour les défenseurs de la patrie. La Société répond fièrement et légitimement à la Convention que la population de Provins n'a pas attendu cet appel, et que, depuis longtemps déjà, elle l'a devancé par sa générosité patriotique spontanée.

Et les dons de toute nature affluent au bureau, comme pour accentuer la sincérité de cette noble réponse.

10 frimaire, décadi 1er an 2 (30 novembre 1793). — On se prépare pour la *Fête de la Raison*, qui va avoir lieu le deuxième décadi du mois.

J'aime à relever dans ce fatras hétéroclite les nobles actions, les sentiments généreux. Dieu merci! ils ne sont pas rares.

On demande à la tribune des secours en faveur d'une pauvre femme dont le mari est à l'armée et qui est près d'accoucher. La Société discute sur les moyens de lui venir en aide. Un membre du bureau, allant au plus pressé, donne de sa poche un secours de cinquante francs pour subvenir, sans tant de chinoiseries administratives, aux besoins de la jeune citoyenne.

Une petite fanfaronnade, bien innocente, et qu'il faut pardonner à l'esprit du temps. Le ministre de la guerre fait un appel aux citoyennes pour la confection de la charpie. La Société répond, un peu emphatiquement peut-être, mais avec justesse, que depuis longtemps les citoyennes provinoises sont habituées à confectionner de la charpie pendant les séances de la société populaire (telles les célèbres *tricoteuses*), et même que, « si elles le font, c'est plutôt par pitié pour les pauvres soldats ennemis que pour nos propres soldats, car les nôtres savent vaincre et parer les coups ».

On lit une lettre du citoyen Opoix, député de Provins. « Restez toujours républicains ! » C'est tout. Le pauvre homme !

Le *comité de salut public* envoie à la Société une lettre. Il l'invite à lui adresser « une liste des hommes probes, vraiment républicains, instruits (c'est exiger beaucoup) et capables de remplir les places dans les différentes parties administratives de la République ». La Société arrête que les administrations du *district*, de la *commune* et du *comité révolutionnaire* seront invitées à nommer chacune deux de leurs membres pour se concerter avec deux membres de la Société populaire, à l'effet de remplir les instructions du comité de salut public, auquel le travail sera adressé après que la Société populaire y aura ajouté son approbation.

On ne pouvait répondre avec plus de modestie et plus de bon sens au désir du comité de salut public.

Et les dons, les dons, les dons ! Par curiosité j'additionne les chemises offertes à cette seule séance. J'en compte quatre-vingt-douze !

Au nombre des donateurs je relève avec un peu de curiosité le nom du citoyen *Lucien Husson*. Ce nom et ce prénom sont ceux du cuisinier de *madame du Tillet*. On peut croire qu'il s'agit ici de ce serviteur de la malheureuse femme qui ne devait pas tarder à être guillotinée[*].

13 frimaire an II (3 décembre 1793). — Et les dons, les dons, les dons ! Cent sept chemises, presque autant de paires de souliers ! Et des bottes de charpie ! Une petite fille en apporte à elle seule un panier aussi lourd qu'elle.

Un détail montrera à quel point la Société est vraiment *populaire*. Un membre monte à la tri-

---

[*] Madame du Tillet et sa femme de chambre furent les deux seules victimes de la Terreur dans notre district. La Société populaire fut absolument étrangère à cet événement.

bune et fait remarquer que la salle des séances est dans un état pitoyable et qui exige des réparations et des aménagements, mais que les ressources de la Société ne sont pas en état d'y pourvoir. Il ne voit qu'un moyen pratique de sortir de cette difficulté, c'est de s'adresser directement au public, c'est d'ouvrir une souscription patriotique. A l'instant même, une somme de 253 francs est offerte et versée par les assistants.

Un petit incident divertissant :

La séance est troublée par un groupe d'écoliers venus à la séance comme on va au spectacle, dans l'unique but de s'amuser. Ils font du bruit et appellent sur leurs têtes les foudres du président. On profite de cette occasion pour arrêter que désormais tout enfant qui se sera rendu coupable du délit de *chahut* en séance, non seulement entendra prononcer publiquement son nom, ce qui sera pour lui une humiliation, mais, en outre, se verra interdire pendant huit jours l'entrée de la salle. Un censeur sera établi à côté du président, et deux autres censeurs seront installés dans l'intérieur de la salle pour faire le métier des maîtres-surveillants dans les collèges. On se demande pourquoi on ne recourt pas au procédé plus simple d'interdire tout bonnement aux enfants l'entrée d'un lieu qui n'est pas pour eux.

17 frimaire an II (7 décembre 1793). — Le citoyen *Michelin*, imprimeur, livre à la Société populaire les quatre cents exemplaires du procès-verbal du 2 frimaire, exécutés par lui en vertu d'une décision de la Société.

En outre, il lui soumet un projet de diplôme pour la Société. On décide que, à cette occasion, le titre de la Société sera légèrement modifié. Au lieu de *Société populaire de Provins*, elle sera maintenant *Société populaire et montagnarde de Provins*.

Un membre a parcouru le district et constaté que, dans presque tous les villages, on se livre encore aux pratiques de la religion. C'est ce qu'il nomme le *réveil du fanatisme*. Il demande quelles mesures on pourra prendre pour combattre ces abus, contraires à la Constitution républicaine.

Un autre membre réplique que le plus sûr moyen d'anéantir le fanatisme, c'est de ne pas s'occuper de lui. Il ajoute que les fêtes civiques décadaires sont le meilleur agent de propagande anticatholique, parce qu'elles offrent au peuple des attraits qui, peu à peu, le détournent de l'église.

Le même orateur rend compte à la Société du travail auquel s'est livré le comité révolutionnaire dans sa séance du 15 frimaire. Rien de plus intéressant que les informations qu'il donne à cette occasion. Pendant dix-sept heures le comité, aidé des citoyens qu'il s'était adjoints et qui appartenaient aux autorités constituées, a étudié les dossiers des détenus pour envoyer au comité de sûreté générale une liste équivalant à une sorte d'opinion préalable et motivée sur les différents degrés de culpabilité des personnes incarcérées.

De ce document il résulte que le nombre des détenus appartenant au district de Provins monte à 160 unités. Sur ce nombre, 34 personnes ont paru dignes d'être présentées au comité de sûreté générale, comme susceptibles d'être élargies sur-le-champ, et, en faveur de celles-là, le comité révolutionnaire de Provins réclame la mise en liberté immédiate.

Sur un plus grand nombre, le comité a été obligé d'ajourner sa décision, faute de preuves nécessaires soit pour combattre, soit pour détruire les accusations dont elles sont l'objet.

Enfin, le comité voit, non sans douleur, que la troisième classe des détenus, c'est-à-dire celle sur laquelle pèse l'accusation de modérantisme, ne peut rien attendre de la sollicitude du comité de sûreté générale avant la signature de la paix.

Dès que les conclusions de ce rapport sont proclamées, un sentiment généreux s'empare des assistants. On ne songe plus qu'aux moyens d'obtenir, dans le plus bref délai possible, l'élargissement des non coupables. Un membre, homme de cœur, le citoyen Privé, offre de partir immédiatement pour Paris en poste et à ses frais. Un autre sollicite l'honneur de l'accompagner. Pendant ces premiers moments, la Société offre le tableau de la plus touchante fraternité. On se réjouit ensemble, on se félicite ensemble de l'heureux succès des efforts communs, si près d'aboutir au résultat souhaité. Rendre la liberté à des innocents, quel triomphe ! Hélas ! aucun de ces hommes ne songe un instant que sans les délations, sans les dénonciations émanant de la Société, ces innocents n'auraient jamais été incarcérés.

19 frimaire an II (9 décembre 1793). — Le citoyen Ruffier, ce septuagénaire patriote de

Fontaine-Riante, regrette le dépérissement des foires, qui ont fait, durant plusieurs siècles, la prospérité de Provins. Il invite la Société à rechercher les moyens de remettre ces foires en honneur et d'en augmenter l'importance. Le citoyen Ruffier fait acte de Provinois dévoué et intelligent, mais a-t-il bien choisi son heure?

C'est demain que va être célébrée *la fête de la Raison*. Toute la nation s'y prépare avec zèle, Provins avec enthousiasme. Un des commissaires chargés de l'organisation monte à la tribune pour prier les citoyennes de vouloir bien déposer leurs offrandes destinées à la décoration de la salle. A peine a-t-il ouvert la bouche que la tribune est envahie par une gracieuse légion composée des plus jolies Provinoises, toutes chargées de rubans aux trois couleurs. Le citoyen commissaire disparaît sous cette avalanche de rubans, la tribune et le président en sont inondés, aux applaudissements de toute la salle.

Il est bon de remarquer, en passant, que ces fabricantes de *confetti* appartenaient toutes à la haute classe provinoise de ce temps-là. Je citerai notamment les noms des citoyennes *Thoré*,

Poix et *Siret* comme ceux des familles les plus considérées*.

27 frimaire an 2 (17 décembre 1793). — **La ville de Donnemarie-en-Montois est animée du plus mauvais esprit.** Vainement Provins lui donne le bon exemple; cette petite cité retardataire en est encore à obéir à des prêtres *qui n'ont pas remis leurs lettres sacerdotales aux administrateurs et aux sociétés populaires de la République*. La sagesse de la Société provinoise répare le mal dans les limites du possible. On envoie à Donnemarie des émissaires, et, grâce à la vigueur des mesures prises par ces citoyens, les habitants de la ville *insurgée* rentrent à peu près dans l'ordre. Toutefois il est entendu que ces pestiférés resteront l'objet d'une surveil-

---

* Moi qui écris ces lignes en 1908, c'est-à-dire 115 années après les événements que je raconte, je me souviens parfaitement de la dernière de ces dames. La vénérable madame *Siret*, restée veuve, parvint à un âge extrêmement avancé. Elle habitait sa belle maison de la rue Saint-Thibaut qui, après avoir abrité longtemps les sœurs *Célestines*, est devenue depuis quelques années un pensionnat de demoiselles.

Madame Siret était la belle-sœur du général *Leberton*, de ce vieux grognard de l'Empire qui eut l'honneur de porter l'épée de Napoléon à la cérémonie funèbre de l'installation des cendres aux Invalides, le 15 décembre 1840. Il était âgé de quatre-vingt-six ans.

lance patriotique. Suivant un orateur, ce n'est rien moins que la *résurrection du fanatisme.*

Le septuagénaire Ruffier, qui dans une précédente séance nous a déjà intéressés par un projet de rétablissement des foires locales, insiste aujourd'hui sur un autre projet d'utilité publique. Il demande que dans toute maison il existe, par mesure obligatoire, deux seaux à incendie pour que, en cas de sinistre, les premiers secours puissent arriver promptement. On se souvient que cette idée avait déjà été mise en avant par un autre membre. C'est que vraiment à cette époque les incendies à Provins paraissaient d'autant plus redoutables et plus fréquents que les moyens de les combattre à temps faisaient complètement défaut : ni pompes ni pompiers. En cas d'incendie sérieux, les habitants n'avaient qu'une ressource, c'était d'isoler à la hache la maison en flammes pour préserver les voisines.

Aussi est-ce à propos des incendies que s'exerce le plus volontiers la générosité de la Société populaire. A la suite d'un nouveau sinistre, une collecte est ouverte durant trois séances consécutives. Si pauvre que soit chacun dans ces heures de calamités nationales, chacun donne suivant ses ressources et sans lésiner. La somme recueillie cette fois monte à 500 livres, c'est-à-dire à 1.000 fr. d'aujourd'hui. Serions-nous plus généreux à l'heure actuelle?

Un membre lit l'*Épître au pape*, poésie philosophique et antireligieuse par *Cérutti*.

Ce chef-d'œuvre d'éloquence et de morale, fondé sur les principes purs de la raison, est accueilli avec un enthousiasme indescriptible. Le succès en est tellement prodigieux que, à la demande générale, on arrête les résolutions suivantes :

1° L'*Épître au pape* sera lue à chaque séance pendant huit décades consécutives ;

2° elle sera imprimée aux frais de la Société et distribuée par elle dans le peuple, en même temps qu'adressée à toutes les communes du district.

Trois membres des sociétés populaires de Donnemarie, Montereau et Melun, présents à la séance, prient le comité de ne pas les oublier dans leur distribution, tant cette pièce leur paraît propre à combattre victorieusement chez eux les efforts du *fanatisme renaissant*.

Un troisième hommage est rendu à la poésie de Cérutti. On décide que, dans l'intérêt de la

République, les derniers vers de sa pièce seront *peints* sur les murailles de la salle. On y joindra quelques vers de Voltaire, qui ont été lus avec succès par les citoyens Michelin et Marat, sociétaires, à la même séance.

En associant la poésie de Cérutti à celle de Voltaire, la Société faisait deux fois preuve de bon goût. Car Cérutti fut, comme on sait, l'ami de Voltaire, et son *Épître au pape* n'est autre chose qu'une imitation assez heureuse des épîtres philosophico-satiriques du Maître. Si plate qu'elle soit en général, on y relève plus d'un trait spirituel et quelques vers agréables. Je suppose que les vers de cette pièce qui auront été inscrits sur les murailles du lieu des séances sont les suivants :

> Qu'importe, mes amis, au Dieu de l'Univers
> Et vos opinions et vos cultes divers?
> Ne vous égorgez pas pour sa plus grande gloire.
> Ce que vous croyez tous est tout ce qu'il faut croire,
> Tout ce qui vient de lui. Mais, pour ces visions,
> D'imposteurs ou de fous tristes inventions,
> Ces prétextes sacrés de vengeance ou de guerre,
> Je veux, si je le puis, en délivrer la terre.
> Je l'essaierai du moins. Malgré ma papauté,
> Je suis homme, et je veux servir l'humanité.

Telle est la couleur générale de cette composition, plus intéressante au point de vue historique qu'au point de vue littéraire.

J'ajouterai un mot.

On trouve dans cette pièce un vers fort irrévérencieux, mais qui offre cette singularité de nous faire penser tout de suite au spirituel tableau de *Gérôme* intitulé *les deux augures*.

> Deux prêtres peuvent-ils se regarder sans rire?

Il est extrêmement probable que jamais Gérôme n'eut l'occasion de lire l'*Épître au pape* de Cérutti. Mais cette rencontre m'a paru piquante à relever.

30 frimaire an II (20 décembre 1793). — La question des détenus revient sur le tapis. Elle n'a eu aucune solution. Les malheureux sociétaires qui, on s'en souvient, se sont si généreusement transportés à Paris pour solliciter du comité de salut public l'élargissement des non coupables, ont vu échouer leurs efforts. Soit qu'ils aient manqué d'adresse, soit qu'ils aient manqué de protecteurs assez puissants pour enfoncer les portes, il se sont vus repoussés partout. Leur rapport afflige la Société qui s'est vouée avec sollicitude à une cause si intéressante.

Dans cette conjoncture on juge opportun de recourir à l'intervention des députés de la Convention qui ont été nommés commissaires pour le département de Seine-et-Marne. Mais, après informations prises, on acquiert la certitude que ces députés sont encore à Paris, qu'on aura beaucoup de difficultés à les trouver, et que ce moyen même risque fort d'échouer. L'embarras est inextricable et chaque jour il s'aggrave, car plus le régime de *la Terreur* s'étend et se prolonge, plus le sort des détenus devient inquiétant.

On s'étonne que dans une telle circonstance les Jacobins provinois, si sincèrement animés du désir de sauver des têtes innocentes, n'aient pas l'idée d'utiliser le concours de leur député Christophe Opoix. Il faut conclure de ce fait que le citoyen Opoix ne jouissait d'aucune influence à la Convention, ou peut-être que le souvenir de son vote restreint contre Louis XVI lui commandait une extrême prudence dans ses agissements.

En présence de cette situation, la Société décide que toute nouvelle démarche sera suspendue jusqu'à nouvel ordre.

L'affluence des dons est plus grande que jamais. Dons pour les volontaires, dons pour le cavalier, dons pour l'embellissement de la salle... chemises, bas de laine, souliers, assignats, argent, tout cela s'accumule sur le bureau du président.

Je me trompe.

Pour éviter l'encombrement, et par mesure d'ordre, on a installé plusieurs jeunes et jolies citoyennes devant une table avec mission de recevoir, d'enregistrer et de classer méthodiquement tous ces dons divers provenant de la libéralité inépuisable de la population.

Au nombre de ces dons, il en est un que je demande la permission de noter en passant, parce que le donateur est mon propre grand-père, et aussi parce que l'objet donné par lui est bien spécial. Je transcrirai textuellement la ligne :

DONS POUR LES DÉFENSEURS DE LA PATRIE

Bellanger apoticaire (sic) *a donné 26 livres 2 deniers et sa pièce de mariage pour les volontaires.*

Comme petit-fils, je ne puis que m'incliner respectueusement devant cette décision de mon grand-père; mais tout de même je ne puis me défendre de la trouver un peu exagérément patriotique...

Mais non. En y réfléchissant, je m'explique le sens de ce geste, en apparence bizarre.

A cette minute de notre histoire nationale, l'amour de l'intérêt public exaltait les âmes, et tous les autres sentiments s'effaçaient devant celui-là.

Certes, en déposant sur le bureau de la Société montagnarde sa pièce de mariage au profit des volontaires, mon grand'père ne contribua pas beaucoup à augmenter leur trésor. Mais il fit mieux que cela. Il donna à sa patrie une marque non banale de son dévouement, puisqu'il n'hésita pas à se séparer en sa faveur d'un objet dont le sacrifice devait lui coûter extrêmement cher.

Conclusion : cette fois encore on me permettra bien de me glorifier d'être le petit-fils de *Jean-Baptiste Bellanger*, dont tous les actes publics trahissent les sentiments généreux, et, pour parler le langage du temps, *respirent le plus pur patriotisme.*

(*Ici finit le premier registre des procès-verbaux.*)

3 nivôse an II (23 décembre 1793). — Pour satisfaire aux vœux exprimés par un certain nombre de citoyens, on nomme une commission chargée de demander aux autorités de faire couvrir les confessionnaux transformés en guérites, et de distribuer des capotes aux fonctionnaires.

La transformation des confessionnaux en guérites remontait au 31 octobre 1793, comme on peut le constater en consultant les archives municipales de Provins.

Voici, en effet, les deux documents que l'on y trouve et dont le second n'est que l'annexe et le complément du premier, tous deux du même jour.

1°

Décadi de brumaire an II.

Les membres du bureau de la commission provisoire aux citoyens procureur syndic et administrateurs du district de Provins.

« Citoyens,

« Sur la demande des citoyens volontaires qui se plaignent de ce qu'ils n'ont pas de guérittes *(sic)* dans différents postes qu'ils occupent, tels que ceux qui se trouvent aux Jacobins, à la Congrégation, aux Bénédictines ; considérant que nous devons prendre toutes les précautions possibles pour mettre nos braves défenseurs à l'abri des injures de l'air et surtout de la pluie, qui tombe en ce moment, et n'ignorant pas qu'il se trouve dans plusieurs ci-devant églises des confessionnaux entièrement inutiles, nous vous invitons à autoriser vous-mêmes les volontaires à les employer comme guérittes. Nous avons cru devoir en référer à vous-mêmes, puisque ce sont des édifices nationaux, bien persuadés que vous vous empresserez de soulager les volontaires.

« Salut et fraternité.

Retel. — Rouge. — Lhérault. — Vaulgeard.

2°

Décadi du deuxième mois de l'an II.

« Vu la lettre de la commission provisoire de ce jourdhui tendant à accorder aux volontaires de la première réquisition les confessionaux existant dans les bâtiments nationaux pour leur servir de guérittes dans les différents postes dont la garde leur est confiée en cette ville; le conseil permanent, le procureur syndic entendu, considérant que l'humanité commande que les deffenseurs de la patrie ne soient pas exposés aux injures de l'air et à l'intempérie des saisons lorsqu'il y a possibilité de les en prémunir *(sic)*, et que les confessionaux rempliront un but au moins aussi important que celui auquel ils étaient destinés en servant de guérittes à nos braves soldats;

« Arrête que les confessionaux qui se trouvent dans les bâtiments nationaux de Saint-Jacques et de Saint-Pierre seront délivrés aux chefs de bataillon des volontaires de la première réquisition pour les convertir en guérittes, invite la municipalité de Provins à accorder pour le même objet les confessionaux qui existent aux Cordelliers, et dans le cas où lesdits confessionaux ne suffiraient pas, invite aussi la municipalité à employer ses bons offices auprès des fabriciens des paroisses et succursales de cette ville à concéder quelques-uns des confessionaux de leur église pour le service et soulagement des volontaires. »

Je reprends la suite des procès-verbaux.

Le citoyen Bouvet fils vient d'écrire à sa famille une lettre dont on donne lecture en séance.

Il était ecclésiastique. En présence des événements, il a renoncé à la prêtrise et s'est embarqué à bord de la frégate *la Montagne*.

Après son départ, le père a jugé bon d'offrir à la Société *les lettres de tonsure* (sic) du jeune homme pour qu'elles fussent brûlées en public avec tous les titres de la ci-devant organisation sociale. Le jeune Bouvet écrit à son père pour approuver ce qui a été fait par celui-ci.

La Société applaudit au père et au fils et leur accorde la *mention civique*, le plus grand honneur dont elle dispose.

On sait que des aménagements et des embellissements ont été votés pour la salle des séances. Des propositions faites par un architecte parisien ont été examinées. Mais une petite difficulté surgit. Le receveur de l'enregistrement, parlant au nom de l'administration, exprime la crainte que ces travaux, si on les exécute, ne soient de nature à nuire aux intérêts de l'État, pour le cas où l'édifice, qui est sa propriété, serait mis en vente. Sagement il conseille à la Société de ne rien entreprendre sans avoir préalablement consulté le ministère. La Société passe à l'ordre du jour.

On a vu avec quelle ardeur la population accumule les dons en faveur des volontaires et du cavalier. En dépit de tant de dévouement, il paraît que les dons n'arrivent pas avec assez de célérité. Quelqu'un propose une visite au domicile de chaque citoyen pour exciter les indifférents. Cette motion est repoussée, et on lui préfère la motion suivante :

« Considérant que le salut de la patrie prime tous les autres intérêts et que l'entretien des soldats doit passer avant celui de la salle, on décide que tout ou partie des fonds amassés pour les réparations de la salle sera détourné du but primitif et consacré à parfaire la somme nécessaire pour les besoins de l'armée. »

Voilà une sage résolution, et digne de vrais patriotes.

5 nivôse an II (25 décembre 1793). — On a constaté le zèle patriotique des citoyens pour les offrandes spécialement destinées au cavalier. Or, ce cavalier, objet légitime de toutes les faveurs et bénéficiaire de toutes les générosités provinoises, on est forcé de reconnaître qu'il n'existe encore à cette heure qu'à l'état

insaisissable de rêve et de fantôme. Il a beau être déjà vêtu, équipé, armé, même enrichi d'assignats et d'espèces sonnantes, il n'existe pas encore en chair et en os. Ce qui importe maintenant, c'est de le pourvoir d'un corps. On fait appel dans ce but à la jeunesse provinoise. Il s'agit de trouver parmi elle un solide et robuste gaillard capable de répondre victorieusement aux coups de sabre de l'ennemi et de faire honneur à ses parrains montagnards. Un concours est ouvert pendant quinze jours. Qui remportera la palme? C'est ce que nous apprendrons ultérieurement.

Un incident assez curieux. Je n'aurai pas la fausse modestie de le passer sous silence, bien qu'il soit à la louange de l'un des membres de ma famille.

Au nombre des volontaires admis à la séance, on relève le nom d'*Auguste Arnoul*, sergent de canonniers. Un membre fait remarquer que ce jeune citoyen s'est engagé *quoique n'ayant pas l'âge*. La Société salue de ses applaudissements le sergent Arnoul et arrête la *mention civique*. Puis le président lui donne l'accolade fraternelle, aux applaudissements de la salle et des tribunes.

Or, le sergent Arnoul n'était autre qu'*Étienne-Auguste Arnoul*, le onzième des quatorze enfants de Jean Arnoul, maître de postes à Provins et frère de Louis Arnoul, mon grand-père, côté maternel.

Étienne-Auguste Arnoul, né à Provins le 3 janvier 1777, n'était âgé, à ce moment, que de *seize* années. On conçoit que, en raison de sa prime jeunesse, il ait été l'objet d'une ovation.

Encore une occasion pour moi de jeter des fleurs sur mes tombeaux de famille. Me reprochera-t-on cette révérence posthume?

J'ajouterai un mot pour les personnes de mon pays. Il s'agit ici d'Auguste Arnoul, qui fut durant plus de quarante années maître de postes à Maison-Rouge, et qui mourut le 10 novembre 1841, maire de la commune.

Je commettrais une injustice si, après avoir loué l'acte méritoire d'un membre de ma famille, je passais sous silence des actes pareils au sien, et qui sont à l'honneur d'autres jeunes gens de son âge.

Le jeune *Victor Caquet* s'engage comme volontaire, bien qu'il soit exempté par la loi.

Le jeune *Lebeau*, menuisier, s'est enrôlé

dans la première réquisition en qualité de volontaire. Le président de la Société, frappé de son air jeune, lui demande son âge.

« Je n'ai pas encore dix-sept ans, » répond-il timidement.

La Société l'acclame, et le président, non seulement arrête la *mention civique* au procès-verbal, mais lui donne l'accolade.

Je me fais un devoir et une joie de citer ces divers exemples de dévouement patriotique. Ils prouvent à quel degré de surexcitation héroïque s'étaient élevées, en 1792, les âmes de nos pères, et ils prouvent combien Taine s'est trompé grossièrement en qualifiant de factice ce magnifique élan.

C'est à cette même séance qu'est proclamée la nouvelle de la *prise de Toulon* sur les Anglais. Cet événement considérable avait eu lieu le 19, et il s'est écoulé six jours avant que la Société montagnarde en soit instruite.

Je remarquerai à cette occasion, et le lecteur aura peut-être déjà remarqué avant moi, que les événements militaires auxquels, après un siècle écoulé, l'histoire s'intéresse avec le plus de passion et de curiosité, passent quelquefois à peu près inaperçus aux yeux des Jacobins provinois. La canonnade de *Valmy* — pour ne citer que cet exemple — et la retraite des Prussiens, c'est-à-dire la délivrance du territoire envahi, les laissent si indifférents que pas une parole n'est prononcée à la tribune à ce sujet-là. En revanche, on l'a vu, on salue par de frénétiques acclamations chacune des fins d'actes de notre sombre tragédie révolutionnaire. Toute tête qui tombe est saluée par une oraison triomphale.

La prise de Toulon est le premier événement militaire qui excite l'enthousiasme de la Société populaire. Cette nouvelle a le privilège de faire la plus profonde impression sur les esprits. Non seulement la Société décrète une fête publique pour célébrer la prise de Toulon, mais encore elle adresse une lettre de félicitations *aux braves défenseurs de Toulon* (lisons *vainqueurs*).

11 nivôse an II (31 décembre 1793). — La séance est prise à peu près entièrement par la littérature. On prononce un éloge assez touchant du jeune héros Barra. Puis on assiste à la lecture d'une composition poétique sur le siège de Toulon. Ces vers, qui ont été mis en musique, sont chantés par un membre avec un succès

brillant. On les juge fort remarquables et on les salue avec d'autant plus de faveur qu'ils ont pour auteur un tout jeune compatriote, le fils du représentant Christophe Opoix. C'est la révélation d'un talent à son aurore, et le président est invité à adresser au jeune poète une lettre pour le féliciter et pour « *l'engager à continuer un art pour lequel il montre de si heureuses dispositions* ».

Ce favori des muses, ou tout au moins de la Société montagnarde, né à Provins le 22 juillet 1777, était alors âgé de seize ans. Il continua à écrire en vers, peut-être en souvenir de ce premier succès. On lui doit un poème sur l'*Art forestier*, écrit dans la manière de l'*abbé Delille* (Meaux 1819).

1794

Discours pour les souliers. — Nicolas-Victor Arnoul. — Départ des volontaires. — Jean Boyer. — Le drapeau offert par les Provinoises. — Les jeunes filles de Chalautre. — Le cavalier n° 1. — Belle-Joyeuse songe aux pauvres du fond de sa prison. — Discours amusant pour la destruction des garennes. — Maure, réprésentant du peuple, commissaire de la Convention. — Le cavalier n° 2. — Charlet. — Questionnaire pour interroger les candidats ou les membres soumis à l'épuration. — École de salpêtriers à Provins. — Nombre des membres, cotisation mensuelle. — Michelin se lave d'une accusation. — Le cavalier n° 3. — *Provins a bien mérité de la Patrie.* — Défrichement en musique. — Les cimetières, le canal, la bibliothèque de Provins. — Le cavalier n° 4. — Pour aller au bois. — Le cavalier n° 5. — La fête des collégiens; Barra. — Fondation d'une école de filles. — Fête de l'Être suprême. — Le cavalier n° 6. — Une héroïne. — La prise de Charleroi. — La citoyenne Labille, providence des détenus. — Victoire de Fleurus. — La citoyenne Tavernier. — Projet d'un hôpital militaire à Provins. — Destruction de la porte Changis. — La moisson par tous. — Le canal. — Charriot, bibliothécaire. — La chute de Robespierre. — Mort de Guillard. — Encore la citoyenne Tavernier. — Le salpêtre. — Maure, représentant du peuple. — Vaisseau l'Agricole. — La cinquième sans-culottide. — Une batteuse avant la lettre. — Soulèvement des boulangers. — La Société change son nom. —

Doyen, ex-général. — Provins dénoncé! — Avoir de la Société. — Chanson patriotique par le citoyen Christophe Opoix, député de Provins.

13 nivôse an II (2 janvier 1794). La pluie des dons ne se ralentit pas. La récapitulation du trimestre écoulé donne le résultat suivant : Du 26 septembre au 13 nivôse il a été déposé :

Chemises.	1.075
Paires de bas	51
Cols.	54
Paires de souliers.	34
Paires de guêtres.	3
Argent et assignats.	1.168 francs.
Linge pour charpie, nappes (18) pour faire des bandes. . . .	*Mémoire.*

Pour une population qui à cette époque ne dépassait pas 6500 habitants et pour un temps où tout le monde était plus ou moins pauvre, l'offrande paraîtra honorable.

En examinant ces chiffres, on est tout de suite frappé de la pénurie relative du lot des chaussures. Il faut songer que le prix d'une paire de souliers rendait cette offrande plus onéreuse que les autres.

A cette occasion un citoyen monte à la tribune.

« Citoyens, dit-il en substance, le premier besoin du soldat, ce sont les souliers. Comment voulez-vous que pieds nus il exécute des marches longues et pénibles? Comment voulez-vous que pieds nus il se batte à l'aise? Lui envoyer des chaussures, c'est donc, pour la nation qu'il défend, le premier devoir. Voici ce que je propose. Je fais appel au dévouement de chacun, je m'adresse au cœur des femmes. Toutes elles ont à la frontière, soit un fils, soit un frère, soit un fiancé. Défaisons-nous de nos souliers, nous qui ne nous battons pas, nous qui, dans les conditions où nous vivons, pouvons plus aisément nous passer de chaussures de cuir. Envoyons nos souliers à nos soldats et contentons-nous de sabots. »

En lisant ces paroles, prononcées avec gravité et conviction, souliers à part, ne se croirait-on pas transporté aux âges héroïques de la Grèce et de Rome? On regrette que le procès-verbal ne mentionne pas le nom de ce *Spartiate* provinois, car ce nom méritait de ne pas périr.

La Société, électrisée par cette rude éloquence, prend à l'instant un arrêté sur cet objet... mais garde ses souliers.

Voici une preuve bien curieuse et bien touchante de la solidarité qui anime les patriotes de cette époque. Un citoyen propose, en vue de répondre à une nécessité sociale, la création d'une *commission de bienfaisance*. A titre provisoire cette commission comprendra douze citoyens et douze citoyennes. La Société adopte cette idée et en vote la réalisation. Après avoir lu ces lignes, ne jugez-vous pas avec moi que l'idée première de l'*assistance publique* et des *sociétés de bienfaisance*, telles qu'elles fleurissent à nos yeux, revient à la Société montagnarde provinoise?

Le reste de la séance offre des incidents d'un caractère moins sérieux, sans doute, mais non moins intéressants.

Un membre demande à chanter des couplets patriotiques sur la *prise de Toulon*.

Un autre membre objecte fort sagement que, à la suite d'une délibération, la Société a décidé que désormais on ne chanterait plus aux séances que les décadis.

Mais le chansonnier ne se démonte pas. Avec une verve endiablée, il s'écrie :

« Citoyens, on chante partout sans se soucier des dates du calendrier. Nos soldats vont au combat, je veux dire à la victoire, en chantant la Carmagnole ou la Marseillaise, et quand ils combattent et quand ils triomphent, savent-ils le quantième ? Pourquoi ne pas faire comme eux ?... Pourquoi ne pas chanter quand l'occasion nous y invite ? »

La Société, enflammée par cette apostrophe, décide que l'arrêté précédent mérite d'être rapporté, le rapporte à l'instant, et donne la parole au chanteur.

Succès pyramidal !

17 nivôse an II (6 janvier 1794). — Le citoyen *Descombes*, ancien agent des subsistances de la République, est détenu à *la Force*, à Paris. La Société, après délibération, arrête qu'elle s'intéresse à son sort et que dans toutes les occasions elle a vu en lui un vrai et pur républicain, un patriote irréprochable.

On remarquera, en passant, que cette obligeante recommandation de la Société montagnarde n'a pas été d'une grande utilité, puisque le citoyen Descombes fut guillotiné.

Au nombre des nouveaux membres reçus dans cette séance, je relève le nom de *Victor Arnoul*, maître de la poste aux chevaux.

Nicolas-Victor Arnoul, né à Provins le 23 novembre 1762, était alors âgé de trente-deux ans.

Il était le deuxième fils de Jean Arnoul, comme lui maître de postes à Provins, et fut le père de *Victor Arnoul,* l'un des bienfaiteurs de Provins et dont la municipalité reconnaissante a donné le nom à l'une des principales rues de notre ville.

Nicolas-Victor Arnoul mourut en 1831, à l'âge de soixante-neuf ans. Il était le frère de mon grand-père maternel, Louis Arnoul.

20 nivôse an II (9 janvier 1794). — La loi sur *le maximum* est bien impopulaire et d'une application bien difficile. On signale de tous côtés des récalcitrants. La Société arrête que tout membre de la Société qui se sera rendu coupable d'une infraction à cette loi *bienfaisante,* sera immédiatement expulsé.

Mais ce n'est pas tout, et le secrétaire *Marat* (un beau nom pour un Montagnard !) nous rend compte d'une façon très explicite de tous les détails de l'affaire.

« Un membre ayant représenté que la loi du *maximum* est sans exécution, tant dans cette commune que dans celles du district, que les marchandises se vendent un prix exorbitant, que la plupart des communes de campagne se refusent même à apporter au marché public les différents objets de première nécessité, que la pénurie se fait sentir d'une façon effrayante, la Société décide qu'il sera adressé par elle aux différentes autorités constituées une députation à l'effet de les inviter à faire exécuter la loi sur le *maximum*, et que, pour tranquiliser *(sic)* les citoyens sur les différents accaparements qui peuvent avoir lieu, soit à la ville, soit à la campagne, inviter les dites autorités à faire sur-le-champ des visites domiciliaires à l'effet de connaître les différentes denrées qui pourraient s'y trouver et les accapareurs dénoncés aux autorités pour être punis selon la rigueur des lois. La Société nomme pour commissaires les citoyens... »

Adopté à l'unanimité.

Le public qui assiste aux séances ne se comporte pas toujours avec la décence qu'exigerait la gravité du lieu. On se plaint sans cesse du tumulte qui trouble et parfois interrompt les orateurs. On décide que deux censeurs supplémentaires seront ajoutés à la police locale. Ils sont nommés séance tenante.

Un incident à noter.

Le maître d'école de *Rouilly* a été dénoncé comme *fauteur de fanatisme*. De toutes les accusations celle-ci est la plus terrible. La dénonciation a eu lieu à la séance précédente. Comme le pauvre homme sait le sort qui l'attend, il ne perd pas un jour. Il accourt pour présenter sa défense. Les détails de cette défense sont passés sous silence par l'auteur du procès-verbal, et nous le regrettons. Mais, après une discussion assez vive, l'inculpé demande qu'il lui soit délivré copie de l'acte d'accusation porté contre lui. La demande paraît légitime. Mais la Société est féroce contre les *fanatiques*. On répond à l'inculpé que l'accusation étant verbale, on ne peut donner *copie* d'une accusation *non écrite*. Le prétexte du refus paraîtra un peu jésuitique. Mais en 1794 il était permis à une société révolutionnaire de ne pas se laisser intimider par des scrupules de conscience.

27 nivôse an II (16 janvier 1794). — A l'instigation des membres de la commission des subsistances et approvisionnements de la République, les sociétés populaires sont invitées à former dans leur sein des commissions destinées à éclairer les administrateurs et agents, de réunir et d'envoyer tous les renseignements utiles à la République. En conséquence, on arrête qu'un comité de vingt-quatre membres sera

nommé. Sa durée sera de trois mois. Au bout de ce temps il sera renouvelé par moitié. Séance tenante, les vingt-quatre membres sont nommés.

Détail assez curieux et qui jette un jour nouveau sur la difficulté où l'on était alors de fournir à tous les départements les objets de première nécessité. Un membre informe la Société que la commission des subsistances, répondant à une question qu'il lui avait posée, dit que les savons fabriqués à Marseille ont été distribués par le gouvernement entre tous les départements, et que chaque chef-lieu a été invité à en faire la répartition entre les districts. On voit par là avec quelle sollicitude le gouvernement républicain veillait aux intérêts matériels de la nation.

3 pluviôse an II (22 janvier 1794). — Au nombre des dons patriotiques qui continuent à affluer sur la table, en voici un qui ne manquera pas de piquer la curiosité des archéologues. Un citoyen dépose comme offrande le *poignard de Brutus*. Quelle trouvaille!

5 pluviôse an II (24 janvier 1794). — Départ des volontaires pour l'armée. Tambours battants, ils entrent dans la salle aux applaudis-

sements des Montagnards et de la population. Le capitaine qui les commande monte à la tribune et prononce un discours énergique pour affirmer que ses soldats et lui ne demandent qu'à vaincre ou à mourir pour la République. Nous qui savons avec quel héroïsme ces braves gens-là ont tenu leur parole, inclinons-nous respectueusement devant leur mémoire, et, vienne l'occasion, souvenons-nous d'eux.

Comme dans une fête montagnarde il est impossible de ne pas finir par des couplets patriotiques, une chanson a été composée pour la circonstance. Elle a pour auteur le citoyen *Vaulgeard*, ex-oratorien, et elle est interprétée par le citoyen *Louis-Martin Hérault*, tous deux membres de la Société.

Le citoyen *Louis-Martin Hérault*, qui au 1ᵉʳ septembre 1849 vivait encore, se ressouvenait de cette chanson, qu'il avait chantée cinquante-sept années auparavant et qui lui avait valu, à lui ainsi qu'à l'auteur, un succès dû plutôt aux circonstances et à l'état des esprits qu'au mérite littéraire. Toutefois, à titre de spécimen du genre et de curiosité bibliographique, je me ferai un devoir d'en reproduire ici plusieurs couplets. Puisse l'Ombre du citoyen *Vaulgeard* se réjouir de cette glorification posthume!

POUR LE DÉPART
DES JEUNES VOLONTAIRES DE PROVINS

Air : Jeunes amants, cueillez des fleurs.

Il va donc enfin arriver,
Ce jour de peine et de tristesse
Où vous allez vous séparer
Des objets de votre tendresse !
Ne laissez pas dans ces instants
Voir une âme insensible et dure...
Versés dans le sein des parents,
Les pleurs honorent la *nature*.

Entendre les gémissements
D'une mère tendre, éplorée,
S'arracher des bras caressants
D'une amante chère, adorée,
Je ne puis blâmer la douleur
Qui naît d'une source si pure...
On peut sans offenser l'honneur
Être sensible à la *nature*.

. . . .

Heureux et fiers d'avoir brisé
Les fers de l'Europe asservie,
Et surtout d'avoir assuré
Le bonheur de votre patrie,

> Couverts de gloire et de lauriers,
> Dus à la source la plus pure,
> Vous reviendrez dans vos foyers
> Servir l'amour et la *nature*.

Il était impossible que dans une circonstance si solennelle on n'eût pas à relever et à saluer quelqu'un de ces traits de patriotisme dont nos pères étaient coutumiers. L'agent national monte à la tribune, et, après avoir répondu quelques mots émus au commandant des volontaires, il s'exprime ainsi :

« Citoyens, qu'on cesse de nous vanter toujours ces Romains et ces Spartiates pour leurs vertus républicaines et civiques. Il n'est nullement besoin de remonter à travers les siècles pour rencontrer des exemples du plus noble et du plus pur amour de la patrie. Un de ces enfants que vous voyez là et qui partent pour la frontière, est venu me trouver hier. Il m'a dit qu'il partait tranquille, sachant que ses vieux parents recevraient pendant sa présence aux armées un subside de l'État, en vertu des lois républicaines récemment promulguées. « Mais — ajouta-t-il — si je ne suis pas tué à l'ennemi, dès que je serai de retour à Provins mon premier devoir sera de mettre mes père et mère en état de remercier la patrie de ce soutien pécuniaire. Ce sera désormais à mon tour de prendre soin de mes parents par mon travail, et l'argent qu'ils touchaient en mon absence servira à d'autres. »

Ce jeune homme, dont la famille n'est pas éteinte à Provins, se nommait *Claude Boyer.*

L'agent national, visiblement grisé par l'enthousiasme général, déclare que, retenu par ses fonctions et ne pouvant pas se rendre aux armées, il veut du moins contribuer de sa bourse au soulagement des familles dont les enfants vont aux frontières. Il s'engage à servir une rente annuelle de 150 francs à la famille du jeune Boyer pendant tout le temps que le jeune homme restera au service de la patrie, et s'engage, en outre, dans le cas où le jeune Boyer serait tué à l'ennemi, à continuer aux parents cette rente annuelle jusqu'à leur mort.

La Société, vivement émue, décide qu'envoi sera fait à la Convention nationale de cette noble et généreuse déclaration.

Aussitôt après, s'avance un groupe de jeunes filles. Elles viennent offrir aux volontaires un drapeau tricolore brodé par elles. L'une d'elles, la citoyenne Dupont, parle au nom des autres.

Je copie textuellement sa harangue, qui vaut mieux par le fond que par la forme.

« Citoyens, les Romaines et les Spartiates brodaient *(sic)*, pour les guerriers que les destinées de leur patrie appelaient aux combats, quelque armure et y apposaient leur chiffre. Notre ambition est plus relevée. Nous ne voyons que notre patrie, et, si la faiblesse de notre sexe nous interdit de marcher avec vous à la victoire, au moins nous voulons faire hommage aux vrais républicains, aux braves sans-culottes de Provins, d'un drapeau qui doit les immortaliser à jamais dans les fastes de la République. Citoyens, c'est un tribut bien cher à nos cœurs. Puissiez-vous, pour compléter notre satisfaction, le rapporter couvert de lauriers, et pour trophée y peindre ceux des esclaves que vous aurez terrassés! Vive la Montagne, vive la République, vivent les sans-culottes de Provins! »

Le capitaine remercie au nom du bataillon et jure que tous ils seront fiers de vaincre ou de mourir sous les plis de ce drapeau.

Ensuite, le défilé commence.

Les tambours battent, et, en bel ordre, le bataillon sort de la salle, escorté jusqu'aux portes de la ville par toutes les autorités, par la municipalité *en écharpes* et par la foule du peuple, aux accents de l'hymne des Marseillais et aux cris mille fois répétés de : Vive la République !

7 pluviôse an II (26 janvier 1794). — Au nombre des personnes qui font des dons patriotiques je me fais un pieux devoir de relever les noms qui suivent :

Angélique Marniau. Anne Gaudron.
Victoire Langlois. Éléonore Besnard.
Anne Guillaumé. Anne Fourcy.
Angélique Pigot. Sophie Colas.

Les dons varient de 5 à 15 francs. Toutes ces jeunes filles sont de *Vulaines*.

« Elles observent, dit le secrétaire, que, étant toujours attachées à leurs chers amants, qui sont aux frontières, elles n'ont pas de plus grande satisfaction que celle de coopérer à leur soulagement, dans l'espérance que ces braves sans-culottes, revenant un jour couverts de lauriers, sauront les récompenser. Vive la République ! »

Après les jeunes filles, les garçons de Vulaines viennent, à leur tour, déposer leurs dons. « N'ayant ni l'âge ni la force nécessaires pour partager avec leurs aînés l'honneur de combattre à la frontière, ils veulent du moins être au nombre de leurs bienfaiteurs. »

Est-ce que vous ne venez pas d'entendre deux couplets du *Chant du départ*?

Cette belle séance se termine par un acte un peu moins austère que les précédents, comme dans une soirée théâtrale bien combinée le vaudeville succède au drame. Une jeune et jolie citoyenne ayant chanté avec un vif succès une chanson patriotique, le président, partageant l'enthousiasme général, accorde à l'artiste l'accolade... fraternelle. Le geste paraîtra un peu en dehors des sévérités montagnardes. Mais bast! un président de club populaire est tellement accoutumé aux épines, qu'on peut bien lui pardonner de cueillir une rose en passant.

8 pluviôse an II (27 janvier 1794). — Le choix du cavalier donne beaucoup de mal à la Société. Un citoyen s'est présenté, mais n'a pas été jugé assez bel homme. Les concurrents se font rares. Pour stimuler le zèle des amateurs, on publiera de nouvelles affiches et on fera tambouriner dans toutes les communes du district un nouvel appel avec l'avis que le cavalier recevra de la Société une gratification de 300 francs.

10 pluviôse an II (29 janvier 1794). — On lit une lettre bien touchante.

Le citoyen *Bellejoyeuse**informe la société que, par un acte de la commission provisoire, il vient d'adopter trois fillettes dont les père et mère sont chargés de douze enfants. La Société accueille par ses applaudissements cet acte de charité et décide que le citoyen Bellejoyeuse sera invité à venir au sein de la Société pour y recevoir l'accolade fraternelle du président.

A ce moment on fait savoir que le citoyen Bellejoyeuse est détenu.

La Société regrette de ne pouvoir le féliciter publiquement de son action généreuse, mais arrête qu'il en sera fait mention au procès-verbal.

Tout ce qui touche aux préoccupations agricoles mérite d'être relevé. Un citoyen dit qu'il est préjudiciable à l'agriculture de laisser subsister les *garennes*. Suivant lui, elles n'ont été créées et elles ne subsistent que pour le refuge et la propagation du gibier, et pour la plus grande satisfaction des ci-devant seigneurs,

---

* Belle-Joyeuse, ancien mousquetaire, propriétaire à Villiers Saint-Georges.

comme pour le plus grand dommage des cultivateurs.

Il prononce à ce sujet un discours extrêmement curieux qui mérite d'être reproduit tel quel.

« Citoyens, nous avons terrassé le fanatisme, nous avons écrasé l'aristocratie. Mais il subsiste encore des restes de la féodalité, qui absorbent en partie les récoltes des cultivateurs. Ce sont les *garennes*, qui, faites pour le plaisir des ci-devant, ne produisent rien et renferment des animaux qui s'engraissent de nos meilleures productions. Ce sont nos tyrans et nos ennemis qui ont inventé le plaisir barbare de la chasse pour enlever le prix des sueurs du pauvre. Ils ressemblent, ces monstres, au loup de la fable qui disait à l'agneau timide : « Pourquoi viens-tu troubler mon eau? — Ce n'est pas moi, monsieur le loup, puisque je suis au-dessous de vous. » (Je dis *monsieur*, parce que ce nom ne convient qu'à des loups.) « Mais, répond le loup, ce n'est pas toi, c'est ton frère. » Oyant cela, il le dévore.

« Citoyens, voilà comme nous étions autrefois : nous étions les agneaux, et les ci-devant nobles étaient les loups qui nous mangeaient à belles dents. Je demande donc que l'on avise aux moyens de détruire la garenne, et qu'on fasse servir le terrain pour un usage plus important, celui de produire des subsistances au lieu de repaire d'animaux qui ne vivent que pour nous les enlever. »

L'orateur était le citoyen Ruffier, ce vieillard de Fontaine-Riante dont nous avons souvent parlé. Son discours lui vaut une ovation, et sa motion est renvoyée au comité.

17 pluviôse an II (5 février 1794). — Le citoyen *Camus*, commissaire du comité de salut public, monte à la tribune. Il fait tout d'abord une petite réclame en faveur du *Père Duchesne*, le journal d'Hébert. Il affirme que cette feuille-là est la bonne. En revanche, il engage la Société à se méfier du *Vieux Cordelier* comme d'une feuille perfide et mensongère. La Société accueille avec dévotion les paroles du citoyen Camus, qui représente un pouvoir redouté. Ce sont pour elle paroles d'évangile.

On se souvient de la mésaventure et de la disgrâce du citoyen *Brésager*, chargé du pensionnat dans la maison de l'institut national de la commune de Provins. Le pauvre homme ayant été amené à donner sa démission, on songe à lui donner un successeur. Le citoyen *Garnier, par amour du bien général,* et cédant aux instances de la commission municipale, consent à le remplacer dans ses importantes fonctions. La certitude de *sa capacité et de son civisme* déterminent la Société à *le remercier de son consentęment* (sic) et à lui attribuer le traitement que touchait son prédécesseur. Ce traitement était modeste. Il se bornait à 600 francs par an.

Le sort des détenus innocents préoccupe toujours la Société, et ce sentiment est à sa louange. Le conventionnel *Maure** étant en ce moment à Coulommiers, on décide qu'une délégation de deux membres lui sera envoyée pour l'inviter à venir à Provins, dans le double but d'honorer de sa présence la fête du décadi prochain et d'entendre la communication de tout ce qui a été dit en séance en faveur des détenus innocents et des motifs qui plaident pour leur mise en liberté immédiate.

23 pluviôse an II (11 février 1794). — L'ar-

---

* Maure (Nicolas-Silvestre), épicier d'Auxerre : « Bientôt le Créateur ne recevra les hommages directs des hommes que sous la voûte hardie qu'il a construite. »

rivée du citoyen *Maure*, représentant du peuple en mission, est saluée d'une manifestation imposante. Le président nomme une députation pour aller au-devant de lui et pour l'accompagner. Il entre dans la salle au milieu des applaudissements.

Il monte aussitôt à la tribune et déclare que pour accomplir la mission dont il est chargé il a besoin du concours des vrais républicains. Il demande à la Société de lui adjoindre comme collaborateurs douze membres choisis parmi les sociétaires les plus capables de lui venir en aide par leurs lumières et par leurs conseils. Une commission est nommée à l'instant.

Un membre demande que la chanson qui a été composée en l'honneur du citoyen Maure soit chantée, et que lecture soit faite du discours écrit pour le saluer. Le citoyen Maure répond qu'un vrai Montagnard est au-dessus de telles puérilités, et il s'oppose résolument au chant et à la lecture. Geste non banal.

24 pluviôse an II (12 février 1794). — Séance mémorable, et, comme le dit justement le rapporteur, *jour glorieux pour la Révolution*.

Par un sentiment d'une exquise délicatesse

et d'une bonté touchante, la Société, vraisemblablement prévenue d'avance de ce qui va se passer, a convié et réuni dans la salle tous les pères, mères et enfants des détenus.

Le citoyen Maure monte à la tribune et annonce à la Société qu'il vient de relaxer quatre-vingt-douze détenus.

La salle éclate d'enthousiasme. C'est un délire de joie.

Maure ajoute que, malgré la liberté qu'il leur donne, il engage les bons citoyens à les surveiller.

Quant aux autres détenus, pour la sécurité publique ils seront gardés en prison jusqu'au jour où la liberté et l'égalité seront décidément consolidées*.

26 pluviôse an II (14 février 1794). — La Convention vient de rendre son fameux décret

---

* Suivant l'excellent travail publié par M. *Delaforge* (Melun 1889) et intitulé *Seine-et-Marne au Tribunal révolutionnaire*, le département de Seine-et-Marne a fourni à la guillotine durant la période de la Terreur un contingent de 180 têtes.

Il faut remarquer que sur ce chiffre relativement énorme, Provins ne compte que 2 victimes : *Lefèvre*, maréchal des logis, né à Provins, et *Antoine Descombes*, né dans les environs de Provins. Toutefois, il convient d'ajouter à ces deux noms ceux de la comtesse *du Tillet* et de la femme *Roland*, née *Clerse*, sa femme de chambre, de Chalautre-la-Petite.

sur *la liberté des nègres*. La Société adhère avec ferveur à ce geste philosophique et humanitaire plutôt que patriotique. Le citoyen Prévost, capitaine de gendarmerie, offre à cette occasion de donner à l'unique nègre que possède Provins un vêtement de sans-culotte. Un loustic ajoute « *avec la culotte* ». On rit, mais on adopte.

En présence du citoyen Maure, un jeune Provinois de sept ans, le petit *Victor Thomassin*, récite les *Droits de l'homme*. *Sa manière intelligente de l'énoncer lui vaut les applaudissements de toute la salle.* Le représentant, partageant l'enthousiasme général, demande à l'enfant qui est son instituteur.

« Citoyen, répond le petit, c'est celui à qui vous avez donné l'accolade hier pour le dévouement avec lequel il s'acquitte de ses fonctions. »

Là-dessus, le citoyen représentant adresse de nouvelles félicitations au citoyen Garnier et donne l'accolade à l'enfant au nom de la nation.

Le citoyen Garnier demande la parole.

« Citoyens, dit-il en substance, mon jeune élève, en me désignant pour son instituteur, a dit une chose qui n'est pas tout à fait exacte. Savez-vous à qui nos petits Provinois sont redevables de la pure morale civique dont ils sont animés? Ce n'est nullement à l'instituteur, pâle reflet de la Société montagnarde, mais c'est à la Société elle-même, d'où émanent directement, comme d'un foyer généreux, tous les principes du civisme le plus ardent. Oui, citoyens, grâce aux enseignements bienfaisants de la Société montagnarde, les enfants de Provins respirent dès le premier âge l'amour de la patrie avec l'air natal, et ils grandiront pour devenir sans effort les fermes soutiens de la liberté et de l'égalité. »

Le citoyen Garnier se montra dans cette occasion orateur habile, et on lui fit une ovation pour sa rhétorique montagnarde.

Le citoyen Garnier avait débuté par la position de professeur ou instituteur à Rebais.

En 1793, il succéda à *Daudanne*, démissionnaire, comme directeur de l'institut national de Provins, lisez comme principal du collège. Sa nomination est du 6 mai 1793, an II.

Ce personnage paraît avoir été un habile. Après avoir exercé à Provins pendant dix ans les fonctions dont on l'avait investi, il dit adieu à l'Université et devint commissaire de police à Paris. Le musée de Provins possède du citoyen

Garnier un assez joli portrait qui le représente sous l'élégant uniforme de sa dernière incarnation.

27 pluviôse an II (15 février 1794). — Séance (j'allais dire *représentation*) exclusivement enfantine. On y entend un certain nombre de collégiens chanter des chansons patriotiques. Le plus applaudi de ces jeunes ténors est le citoyen *Guinet*, âgé de trois ans. Il chante, nous dit-on, avec beaucoup d'entrain et de patriotisme : *Amour sacré de la patrie*... Pauvre bébé !

Le citoyen représentant fait l'éloge de cet enfant, et il loue l'éducation civique que lui ont donnée ses parents.

28 pluviôse an II (16 février 1794). — Le citoyen Maure fait ses adieux à la Société populaire et adresse des éloges à la population provinoise pour son dévouement patriotique et sa bonne tenue civique. Il se déclare satisfait, mais laisse entrevoir que quelques légers changements dans le personnel administratif seront nécessaires.

La Société prend l'habitude d'entendre de jeunes citoyennes chanter des couplets patriotiques. Le citoyen Maure ne paraît nullement s'effaroucher de cette addition à l'ordre du jour.

3 ventôse an II (21 février 1794). — Enfin, la Société a un cavalier! C'est le citoyen *Maginet*, qui n'a pas plu du premier abord, mais qui, après s'être expliqué à la tribune, a fini par être admis. On ne lui a pas demandé s'il savait monter à cheval; c'était secondaire pour un cavalier jacobin. On l'a interrogé sur les *Droits de l'homme*, et il a répondu d'une façon satisfaisante.

Maintenant il s'agit d'acheter un cheval. Deux membres sont nommés pour procéder à cette acquisition.

8 ventôse an II (26 février 1794). — Le citoyen *Charlet*, cultivateur, ci-devant procureur de la commune de Provins, aujourd'hui détenu par suite d'inculpations diverses émanant de la Société populaire, envoie à celle-ci une lettre pour la solliciter de s'intéresser en sa faveur.

Mais le citoyen Charlet compte dans la Société trois ennemis acharnés : *Vaulgeard*, *Rouge** et *Désert*, dont l'autorité est considérable. On passe à l'ordre du jour.

---

* Rouge et Vaulgeard étaient tous deux professeurs à l'institut national et prêtres.

Les Jacobins de Provins sont aussi implacables pour leurs ennemis que les Jacobins de Paris.

On peut lire, au sujet de cette affaire, une très curieuse pièce intitulée exactement : *Justification et demande de mise en liberté par Charlet, citoyen de Provins, cultivateur, ci-devant procureur de la commune* (brochure de 34 pages, imprimée à Melun, de l'imprimerie Tarbé et Lefèvre-Comigny, l'an II de la République).

Les conclusions du mémoire justificatif du citoyen Charlet sont de nature à lui concilier la sympathie. Il dit en substance :

« J'ai eu pour ennemis des gens méchants et perfides. J'ai été dupe de leurs agissements. On m'a, sur leur dénonciation calomnieuse, incarcéré sans motif. Je suis citoyen français, je suis père de famille; j'invoque les autorités et je demande des juges. La liberté ou la mort, voilà ce que je demande. Qu'on examine ma conduite, qu'on me juge. Tout tribunal m'est égal. »

Il semble que ce soit là le langage d'un honnête homme.

Avec un soin minutieux, la Société a composé et adopté un questionnaire destiné à l'interrogatoire des candidats. Ce document m'a paru offrir un intérêt trop spécial pour pouvoir se dérober à l'honneur d'une reproduction *in extenso*.

Voici toutes les questions dans leur ordre :

1° Quel est ton nom?
2° Ton âge?
3° Ton lieu de naissance?
4° Quelle profession faisais-tu en 1789?
5° Quelle profession as-tu faite depuis 1789 jusqu'à ce jour?
6° Depuis combien de temps es-tu membre de cette Société?
7° Ne t'en es-tu jamais retiré, et notamment lorsqu'il y avait un danger apparent pour les membres?
8° N'as-tu pas refusé d'accepter les fonctions publiques auxquelles le peuple t'avait nommé?
9° As-tu fréquenté d'autres sociétés que celle des Jacobins et y as-tu été reçu?
10° As-tu été noble?
11° N'as-tu jamais sollicité aucun des membres de quitter la Société depuis sa fondation?

12° N'as-tu jamais été toi-même sollicité de ne pas entrer dans la Société ou de l'abandonner?

13° As-tu acheté de l'argent depuis que la loi a prononcé la défense sur ce trafic?

14° En as-tu vendu?

15° As-tu connaissance que quelqu'un en ait fait passer aux émigrés ou aux autres ennemis de la République?

16° As-tu connaissance qu'il y ait des émigrés rentrés dans ce district ou ailleurs?

17° Connais-tu des agents, serviteurs ou receveurs d'émigrés, ou toutes autres personnes en correspondance avec eux?

18° As-tu connaissance que des émigrés, par acte simulé ou autrement, aient soustrait à la République des biens, meubles ou immeubles, même à titre de récompense?

19° N'as-tu jamais tenu de propos, colporté d'écrits ni écrit toi-même contre les sociétés populaires?

20° N'es-tu pas signataire des pétitions des Vingt-huit et des Huit mille, ou de quelques adresses contraires aux principes de la Révolution, dans le temps du 20 juin 1792?

21° N'es-tu pas du nombre de ceux qui ont improuvé l'adresse à la Convention tendante *(sic)* à demander le jugement et la mort de Capet et l'adresse de félicitations sur l'exécution du tyran ?
22° N'es-tu pas du nombre de ceux qui ont blâmé l'adresse de félicitations de la Société à la Convention révolutionnaire, aux journées des 31 mai, 1er et 2 juin 1793 ?
23° N'es-tu pas du nombre de ceux qui ont voulu persécuter et dissoudre la Société, au 14 juillet 1792 ?
24° La société dont tu es membre est-elle affiliée à la Société mère, et depuis quand ?
25° Les citoyens et citoyennes sont invités à dire s'ils connaissent quelque chose de contraire aux réponses du citoyen qui est à la tribune.

10 ventôse an II (28 février 1794). — Un citoyen prononce un discours pour encourager les Français à l'amour de la patrie. La thèse paraîtra un peu banale, mais il la rajeunit en proposant comme modèles à imiter : Brutus, J.-J. Rousseau, Pelletier et Marat, « car, dit-il, ces grands hommes ont préféré la mort à l'esclavage ».

Le public, qui est de la force de l'orateur, applaudit avec frénésie. Le même orateur, mis en verve, propose deux questions à résoudre pour la plus grande gloire de la République.

1re question. — Pourquoi et dans quel but faisons-nous la guerre?

2e question. — Par quels moyens réussirons-nous à triompher de nos ennemis?

Si les questions étaient d'un sot, les réponses furent d'un homme intelligent. Un citoyen monta aussitôt à la tribune et dit simplement :

1° Nous faisons la guerre pour nous défendre et pour empêcher l'ennemi d'envahir notre territoire.

2° Le meilleur moyen de préparer le triomphe de nos armées, c'est de sacrifier à la défense nationale tout notre argent et tout notre sang.

Certes, les voûtes de la ci-devant église de la ci-devant Congrégation n'étaient pas accoutumées à entendre des paroles si sages.

12 ventôse an II (2 mars 1794). — Séance extraordinaire. Il s'agit, en effet, d'un cas quelque peu embarrassant, et pour l'examen duquel l'urgence s'impose.

Le comité des subsistances de Paris demande au comité des subsistances de Provins de lui envoyer à très bref délai une quantité de blé dont il fixe l'importance. Par malheur, cet envoi, si l'on est forcé de le faire, menace d'affamer Provins et le district.

On commence par nommer une commission pour exécuter les ordres de Paris. Puis on en nomme une autre pour aller à Paris et pour tâcher d'obtenir une réduction sur les quintaux à livrer.

Un fait qui n'est peut-être pas très connu, c'est que Provins, en 1794, a eu une véritable *école de salpêtriers*, disons une usine pour la fabrication de la poudre de guerre. En effet, à cette même séance, on lit une lettre de jeunes membres de la Société qui nous met au courant de cette organisation industrielle.

Les jeunes citoyens informent la Société qu'ils sont *élèves salpêtriers* et que leurs instituteurs (lisons contremaîtres) leur ont fait le meilleur accueil. Ils sont très passionnés pour leur travail et le considèrent comme un travail patriotique. Ils se flattent d'être utiles à la République en apprenant l'art difficile de faire de la poudre de guerre. Ils n'ont pas tort.

13 ventôse an II (3 mars 1794). — Les salpêtriers provinois ont les honneurs de la

séance. Ils demandent et ils obtiennent l'autorisation de brûler devant le bureau du président une petite quantité de salpêtre pour en faire voir la qualité. La démonstration obtient beaucoup de succès, mais, comme aux Jacobins le côté théâtral ne doit jamais être négligé, une jeune et charmante citoyenne a été conviée à chanter, pendant l'expérience, des couplets de circonstance. Tout réussit à merveille. Science et cabotinage ravissent l'assemblée. En manière de péroraison le président invite les citoyens à ne pas regretter cette petite perte de salpêtre, en songeant que les *salpêtriers de Provins sont en mesure d'en fabriquer cinquante livres par jour*.

Les salpêtriers se retirent criblés d'applaudissements.

Le citoyen qui a été envoyé à Paris comme commissaire pour tâcher d'obtenir une diminution sur la quantité de blé à livrer, est de retour et rend compte de sa mission. Elle a été inutile. Il a été rebuté partout où il s'est présenté.

Un autre citoyen expose que le mal n'est pas si sérieux qu'on le croit. En réalité les approvisionnements qui sont dans les magasins de Provins sont assez importants pour que, même après avoir satisfait aux injonctions de Paris,

Provins ne soit pas menacé de famine. On se console et on décide qu'il faut renoncer à toutes démarches et s'exécuter.

17 ventôse an II (7 mars 1794). — On a étudié et on adopte un nouveau règlement. Deux détails sont à relever : 1° Tout sociétaire paiera désormais 30 sols en entrant, et 15 sols par mois comme cotisation : 2° Le nombre exact des membres de la Société à ce jour est de 258.

20 ventôse an II (10 mars 1794). — Un membre demande que tous les ci-devant nobles et prêtres soient exclus de la Société. La Société répond que tout citoyen honnête et bon républicain, quelle que soit la profession exercée par lui antérieurement, a le droit d'entrer dans la Société. Bien répondu.

Gros événement. On reçoit à la Société le rapport de *Saint-Just* sur la nouvelle conspiration contre la République. Qui est le chef de cette conspiration? *Hébert!*

Hébert, c'est-à-dire, *le père Duchêne*, le Montagnard d'avant-garde, Hébert, dont on a recommandé officiellement auprès de la Société la feuille *vraiment républicaine*, en opposition avec cette ordure rédigée par le menteur *Camille Desmoulins*.

Le président cède le fauteuil et lit en personne le rapport de Saint-Just. Ce rapport est acclamé et la Société décide qu'elle enverra à la Convention une adresse de félicitations relativement au fait accompli.

La Société est en travail d'*épurement*. Cela signifie que, suivant le règlement, tous les membres dont elle se compose sont soumis à un examen et à un scrutin, dont le but est de les maintenir ou de les rejeter.

Cette situation, critique pour chacun d'eux, l'est particulièrement pour le citoyen *Michelin*, imprimeur.

Il est clair que le citoyen Michelin a dans la Société des ennemis. On l'accuse d'avoir commis une faute qui, si elle était prouvée véritable, ne serait pas facilement pardonnée, surtout à une époque où le sentiment patriotique domine tous les autres. Il aurait quitté le drapeau.

Le citoyen Michelin, qui ne se trouble pas aisément, donne toutes sortes de raisons pour justifier son acte, qu'il ne peut nier.

Il est parti comme volontaire, étant soutien de femme veuve. Il est revenu à Provins pour obéir aux ordres de l'autorité qui avait besoin de lui comme imprimeur. Plusieurs lettres de ses officiers témoignent en sa faveur...

La cause est entendue. Le citoyen Michelin est déclaré *épuré* et rentre dans la Société.

30 ventôse an II (20 mars 1794). — Épisode bien étrange. Un tout jeune homme, presque un enfant, appartenant à l'une des plus honorables familles de Provins, à la famille N...*, a été attiré dans une maison de jeu. Il y a contracté une dette, a volé, puis s'est tué. On appelle l'attention de la Société sur ce fait douloureux et on invite la municipalité à sévir contre les maîtres de ces maisons de jeu qui débauchent la jeunesse.

Autre anecdote enfantine.

Dans la fête qui a eu lieu pour célébrer le décret de la Convention déclarant la *liberté des nègres,* un enfant a figuré comme nègre, à l'instar de ces gamins de Paris que le directeur de l'Ambigu emploie pour figurer dans l'*Oncle Tom* ou dans *Atar-gull.* Le jeune moricaud d'occasion se présente à la Société et demande à prononcer le serment patriotique *vivre libre*

---

* Le nom est en toutes lettres. Mais, la famille n'étant pas éteinte, je juge convenable de ne pas la nommer. Même après un siècle écoulé, de tels souvenirs sont toujours désagréables.

ou mourir. On lui accorde cette faveur. Il prononce le serment avec tant d'énergie que les sociétaires sont transportés. Ils accordent à l'enfant l'honneur de l'accolade fraternelle du président.

Le travail d'*épuration* continue. Un incident curieux se produit.

Au nombre des questions qui doivent être posées au membre sur la sellette, est celle-ci :

« N'as-tu jamais abandonné la Société, surtout dans les temps où elle était en danger? »

Or quelqu'un fait remarquer que le membre à qui on adresse cette question se trouve précisément dans le cas.

Un autre répond : « C'est vrai, mais nous venons déjà d'en recevoir plusieurs autres à qui le même reproche eût pu être adressé. Il y aurait maintenant de l'injustice à repousser celui-ci après avoir reçu les autres. »

Un troisième met tout le monde d'accord en disant que le plus sage serait de biffer l'article du questionnaire.

Conclusion. On ne biffe rien, ni l'article ni le nom du sociétaire. En faveur de mérites civiques incontestables, une compromission est admise, et la rigueur montagnarde est désarmée.

3 germinal an II (23 mars 1794). — Deux frères, ci-devant curés, les citoyens *Pattelot*, informent la Société qu'ils ont pris chacun la résolution de se marier, et ils ajoutent, un peu témérairement, ce semble, « afin de se rendre utiles à la patrie *en lui donnant des défenseurs* ». Ils paraissent bien sûrs de leur affaire. La Société les acclame et arrête mention au procès-verbal.

On commence à s'impatienter des lenteurs apportées à l'acquisition du cheval destiné au cavalier. Un orateur s'étonne que, depuis si longtemps que l'achat a été décidé, le cheval ne soit pas encore acheté. On se range à son avis. On nomme deux commissaires pour *acheter* et *arrher* le cheval. Fort intelligemment on adjoint à la commission le cavalier lui-même. De cette façon, si le cheval ne vaut rien, le cavalier aura mauvaise grâce à se plaindre.

7 germinal an II (27 mars 1794). — Les commissaires envoyés à la Convention et aux Jacobins de Paris sont de retour et rendent compte de leur mission.

La Convention leur a fait le plus honorable accueil. Elle n'a pas ménagé les louanges à l'adresse du district de Provins pour le dévouement sans bornes dont celui-ci a fait preuve dans les sacrifices qui lui ont été demandés relativement à la question des subsistances et de l'alimentation de Paris.

La Commune a été encore plus loin dans la louange. Après avoir reconnu le zèle patriotique des Provinois pour l'approvisionnement de Paris, après avoir proclamé que le district de Provins a envoyé, et envoie encore journellement à Paris, d'abondantes provisions de toutes sortes, elle décrète que *le district de Provins a bien mérité de la patrie*. Voilà un honneur non banal et dont les Provinois du xx° siècle n'ont guère conservé le souvenir.

Le passage suivant, que j'emprunte à une lettre adressée le 27 germinal an II par la Société populaire à la commission des subsistances et approvisionnements de la République, montrera jusqu'où allait le dévouement de ces hommes à l'intérêt général.

« Nous ne pouvons nous dissimuler que ce district ne pourra fournir le contingent de grains qui lui est demandé par le représentant du peuple *Isoré* qu'en se dépouillant d'une partie des subsistances qui lui sont nécessaires jusqu'à la récolte ; mais, nous le répétons, nous sommes dévoués tout entiers aux mesures prises pour assurer la subsistance de nos frères... nous sommes tous membres de la même famille... »

Il était impossible de mieux entendre le devoir patriotique et d'exprimer avec plus de modération des craintes que l'événement devait justifier.

(Registre de correspondance de la Société populaire.)

On lit une lettre du citoyen *Opoix*. Le citoyen Opoix tient à ne pas rester dans l'ombre. Il raconte et il expose avec détails les démarches qu'il a faites pour obtenir que les deux commissaires provinois fussent admis à la barre de la Convention. Il s'applaudit d'avoir pu obtenir ce résultat, et il exprime le plaisir qu'il a éprouvé à entendre parler ses deux concitoyens montagnards.

On lit une lettre extrêmement curieuse. Elle émane de la Société populaire de Rouen.

Cette société informe les Montagnards provinois d'un événement qui vient de s'accomplir dans leur ville et dont ils ont été les promoteurs.

Il s'agissait de donner à la population l'exemple excellent du défrichement méthodique des terres incultes.

Dans ce but, la Société, ayant à sa tête toutes les autorités constituées, chacun portant l'insigne distinctif de sa fonction, et chacun muni d'une pioche, s'est rendue solennellement et en bel ordre, aux accords de la musique municipale jouant l'*hymne chéri,* sur un terrain situé aux environs de la ville. Là, tout le monde s'est mis à l'ouvrage, et gaîment, toujours aux accords sacrés de la Marseillaise, on *a défriché le champ en musique.*

On pourra sourire. Mais vraiment cette fête rouennaise, si originale, me plaît mieux que notre grotesque nivellement du Champ-de-Mars en 1849. Tout au moins elle a sur l'autre le sérieux avantage d'être restée inoffensive et de n'avoir eu pour conséquence aucunes *journées de Juin.*

Les prisonniers autrichiens qui ont été internés à Provins sont logés provisoirement dans les bâtiments des ci-devant *Cordeliers.* Ils couchent sur des bottes de paille. Un citoyen monte à la tribune et exprime l'opinion que cet amoncellement de paille constitue un danger pour l'édifice et que les prisonniers pourraient très bien, volontairement ou non, allumer un incendie. Il demande que la Société appelle sur cette situation l'attention de la municipalité. On répond que la municipalité n'a pas attendu l'invitation de la Société pour décider l'évacuation des Cordeliers par les Autrichiens et le transfert de ceux-ci dans un autre local.

Un membre demande que l'on brûle publiquement les exemplaires du *Père Duchesne*. La Société, aussi prompte aujourd'hui à maudire feu Hébert qu'elle a été naguère prompte à l'acclamer, brûle immédiatement ce qu'elle a adoré, au milieu des applaudissements.

10 germinal an II (30 mars 1794). — Le citoyen *Mercier* passe à l'épuration. Son dossier est accablant. Le citoyen Mercier a été commissaire pour le canton de Bray-sur-Seine à l'effet de faire transporter à l'administration *tous les vases, argenterie et ornements d'église*.

Il se fit accompagner, c'était son droit, de soldats révolutionnaires. Dans le voyage qu'il fit à travers la commune, *il exerça envers celle-ci une concussion digne de l'ancien régime, en imposant à chaque localité une imposition arbitraire*.

La Société juge le cas très grave. Elle décide qu'elle enverra *au Tribunal révolutionnaire* tous les procès-verbaux constatant la culpabilité de Mercier. Cette décision est prise à l'unanimité.

On voit par cet exemple que le sentiment de la probité rigoureuse était à l'ordre du jour chez les Montagnards provinois.

13 germinal an II (2 avril 1794). — Le citoyen *Bousset*, archiviste de la Société, consacre à cette fonction purement honorifique un temps assez considérable. Il est chargé de famille. C'est pour lui un sacrifice sérieux. On propose et on décide que désormais les fonctions d'archiviste seront rétribuées. La somme de 50 fr. proposée par quelqu'un est aussitôt portée au double. Mais, la question ayant été examinée de nouveau, la Société annule la première décision et porte décidément à 150 fr. la rétribution de l'archiviste. On voit de quels sentiments généreux tous ces Montagnards sont animés.

La Société prend une décision fort intelligente. Tous les dons en argent ou en assignats qui ont été faits par les citoyens de Provins et du district ne visaient, sous des rubriques diverses, que le bien-être de l'armée. On arrête que sur les sommes encaissées il sera prélevé 1900 fr. pour fabriquer des souliers destinés aux soldats. Une commission, nommée par le district, commandera, surveillera et vérifiera cette fabrication et en réglera l'expédition.

17 germinal an II (6 avril 1794). — Communication orale de l'agent national de la commune de Provins :

« Une somme de dix millions de francs a été mise à la disposition du ministre de l'intérieur pour être distribuée aux indigents de la République. Sur cette somme la ville de Provins recevra 900 fr.

L'administration demande à la Société de nommer une commission pour la distribution de ce secours.

20 germinal an II (9 avril 1794). — Les deux lettres que l'on va lire n'appartiennent pas aux procès-verbaux de la Société populaire, mais je les emprunte au *Registre de la correspondance de la Société*, document par malheur fort incomplet, qui commence au 19 août 1793 et s'arrête au 17 vendémiaire an III. Ce registre paraît avoir été tenu avec peu d'ordre et de suite. La plupart des lettres qu'il contient ne sont pas autre chose que l'indication et le sommaire de ce qui a été écrit par la Société. En résumé c'est un recueil assez peu intéressant. J'ai pu y glaner ces deux pièces curieuses et j'ai cru pouvoir sans inconvénient les classer ici chronologiquement parmi les procès-verbaux.

Provins, le 20 germinal an II.

*La Société populaire de Provins
à la Société populaire de Douai.*

« Frères et sœurs,

« Les accents de votre prévoyante philanthropie ne s'étaient pas encore fait entendre dans notre enceinte, et déjà, depuis le mois de brumaire, 140 à 150 livres de charpie avaient été envoyées par nous aux armées. Déjà le soin de préparer les linges de pansement avait été notre premier vœu, comme celui d'amonceler encore la charpie avait été celui de nos citoyennes. Les mères de famille, dont le cœur est le sanctuaire de la nature, les jeunes citoyennes qui suivent l'impulsion de la sensibilité, vertu si familière à leur sexe, s'occupent partout, et même dans le lieu de nos séances, à préparer cette charpie qui sait si bien adoucir les maux et les douleurs de nos braves défenseurs. Ils penseront, et ce ne sera pas pour eux une faible consolation, ils penseront aux mains qui l'ont préparée. Ils diront : « C'est ma mère peut-être ; c'est ma sœur, c'est mon amie qui contribue à mon soulagement », et cette pensée attendrissante leur inspirera l'espoir et le courage.

« Lorsqu'un paquet suffisant de charpie sera recueilli, nous nous empresserons de vous l'envoyer, et nous n'aurons pas besoin d'appeler votre surveillance sur son emploi. Ceux qui savent la demander avec des paroles aussi touchantes sauront certainement la diriger avec soin et autorité.

« Ceux de nos défenseurs qui en recevront du soulagement ou éprouveront leur guérison, proclameront votre bienfaisance et leur gratitude. Elle est déjà dans leur cœur et dans le nôtre.

« Salut et fraternité. »

Même date.

*La Société populaire de Provins
    à la Société des Jacobins de Paris.*

« Frères et amis,

« A l'instant où une génération entière couvre de son corps et défend au prix de son sang nos remparts et ce que nous avons de plus cher, notre liberté, au même instant, disons-nous, les patriotes de l'intérieur surveillent et déjouent les trames liberticides de l'aristocratie et de l'ambition. Cette mission patriotique est parmi nous à l'ordre du jour ainsi que les vertus républicaines. Ainsi nos concitoyens se sont volontairement imposé des privations pour aider de leur pouvoir et pour ramener l'abandondance dans le sein de la commune où siégent et la Convention et les plus ardents amis de la liberté.

« La baïonnette, qui pour les Français est le gage assuré de la victoire, la baïonnette à qui nous devons Jemmapes, Toulon (?) et la destruction de la Vendée, la baïonnette, redoutable à nos ennemis, est demandée pour armer nos frères. Nous n'avons besoin que d'en parler, et ceux de nos concitoyens qui peuvent en fabriquer nous ont déjà offert leurs talents et leurs moyens.

« La potasse, si utile pour la confection de la poudre et du salpêtre, est nécessaire à la République. Bientôt des commissaires nommés dans notre sein vont accélérer la réunion des plantes et des végétaux qui la procurent. Chaque règne de la nature sera révolutionné *(sic)*, et le poison des plantes venimeuses et l'inutilité des plantes parasites multiplieront nos moyens belliqueux pour abattre la tyrannie.

« Notre Société n'a jamais offert aux patriotes

que le tableau du républicanisme, l'amour de la patrie et la pratique de toutes les vertus. Enflammer le cœur des citoyens, leur apprendre à échanger leurs sacrifices et leurs privations en autant de jouissances, en un mot, marcher sur vos traces, tel est l'esprit et le caractère des républicains français, et, nous le disons hautement, tel est le nôtre.

« Salut et fraternité. »

23 germinal an II (12 avril 1794). — Le cavalier continue à donner du mal à la Société.

Il s'agit de le vêtir. On est allé chez tous les marchands de la ville. Aucun d'eux n'a en magasin une aune de drap à fournir. On en est réduit à s'adresser à l'administration. Celle-ci veut bien céder à la Société le drap dont elle a besoin, mais à la condition que le drap lui sera remis aussitôt que la Société en aura trouvé pour le remplacer.

Un membre appelle l'attention de la Société sur les dangers que fait courir à la population l'habitude d'inhumer les morts dans l'enceinte des villes. On fait droit à ses observations. Séance tenante, on envoie à la municipalité des commissaires pour demander le transfert des cimetières hors de la ville. La municipalité répond que le cimetière de Sainte-Croix est désormais fermé, et que, en ce moment même, on s'occupe de choisir *extra muros*, aux deux extrémités opposées de la ville, des emplacements convenables pour y enterrer les morts.

26 germinal an II (15 avril 1794). — Quelqu'un fait une observation assez sage. Le canal de Provins à la Seine contribuerait, dit-il, très efficacement à faciliter les transports de grains entre Provins et Paris et à les rendre moins coûteux. Il faudrait saisir cette occasion pour appeler l'attention du gouvernement sur cet objet. La Société partage cette opinion et décide qu'une pétition sera adressée.

3 floréal an II (22 avril 1794). — Idée surprenante de la part d'une société composée en immense majorité de personnes sachant tout au plus lire et écrire, on exprime le vœu que tous les livres appartenant à la commune soient réunis ensemble pour former une *bibliothèque publique*. Deux commissaires sont nommés ; ce sont les citoyens Vaulgeard et Désert, avec mission de choisir, d'accord avec l'administration, un local convenable pour y établir une bibliothèque.

On pardonnera au conservateur actuel de la bibliothèque de Provins d'avoir relevé ce trait qui lui a paru particulièrement honorable de la part de gens voués, en apparence, exclusivement aux préoccupations de la politique militante.*

7 floréal an II (26 avril 1794). — On est vraiment confondu en constatant la puissance de la Société populaire et la confiance qu'elle inspire. Jusque dans une question de succession, pour laquelle sa compétence est nulle, son intervention est implorée.

Le citoyen *François*, de Sourdun, a perdu son fils à l'armée. Il ne sait à quelle autorité s'adresser pour arriver à toucher la succession de son fils. Savez-vous à qui il envoie sa requête? A la Société populaire.

L'affaire du cavalier tourne à l'opéra bouffe. C'est un livret auquel il ne manque que la musique. On a vu avec quelle difficulté on était parvenu à le vêtir de drap. Aujourd'hui c'est le cheval qui se dérobe. Vainement les commissaires ont parcouru avec conscience tout le dis-

---

* On trouvera plus loin, à la page 243, les informations qui sont fournies à ce sujet par les archives de la mairie de Provins.

trict. Nul cheval de guerre ne s'est offert à leurs yeux. Que faire? On décide de s'adresser au département et de le prier de vouloir bien fournir à la Société un cheval à n'importe quel prix.

Pour mêler toujours un peu de littérature à ces graves préoccupations, un membre prononce un discours et s'attache à démontrer que *l'ambition est admirable chez les particuliers et détestable chez les despotes.* Cet apophtegme est à méditer. Et tout cas l'orateur est applaudi. C'est ce qu'il veut.

10 floréal an II (29 avril 1794). — Le cheval du cavalier. Encore! Toujours!

L'administration, à qui on a fait une demande, répond négativement, car, en vertu de la loi sur la réquisition des chevaux, elle ne peut pas, en dépit de sa meilleure volonté, donner satisfaction à la Société.

Il faut frapper à une autre porte, car, enfin, le cavalier ne peut guère se passer d'un cheval.

Le citoyen *Bachot,* dans un mouvement de générosité patriotique, déclare qu'il offre à la Société son propre cheval... moyennant le prix à établir.

On l'acclame. Mais, constatation faite, le cheval est borgne.

On remercie le généreux patriote.

Vraiment on joue de malheur.

Enfin, le citoyen *Bossari* monte à la tribune et déclare qu'il offre *gratuitement* à la Société son cheval avec la selle et même la bride, au *prix approximatif* (sic), et en plus la nourriture pour quinze jours, afin de permettre au cavalier de partir *sans retard*.

Applaudissements enthousiastes.

Enfin la question du cheval paraît résolue.

Quelqu'un fait une observation fort utile. Les communications et arrêtés de la commune devraient, dit-il, être écrits en caractères plus grands et partant plus lisibles. En outre ils devraient être protégés par un grillage de fils de fer pour leur sécurité. L'idée paraît très sage, et on l'adopte.

Voilà peut-être l'origine de nos boîtes grillées protégeant nos publications communales aux portes des mairies.

13 floréal an II (2 mai 1794). — Dans une précédente séance, un membre avait fait une proposition un peu inattendue. Le gouvernement ayant, à propos de la fabrication du sal-

pêtre, exprimé l'idée qu'il serait peut-être utile de provoquer les habitants des pays boisés à faire des tailles et des coupes de jeunes branchages et des récoltes de certaines plantes pour les besoins des ouvriers salpêtriers, ce citoyen, animé de la meilleure intention, avait proposé une mesure singulièrement radicale. Il voulait que l'on forçât, par une disposition obligatoire, la population des campagnes, et même celle des villes, à se rendre tous les décadis en forêt pour s'y livrer à ce travail patriotique. Une commission avait été nommée pour examiner cette proposition, et elle présente son rapport. La conclusion de la commission est qu'il y a lieu de passer à l'ordre du jour.

Mais cette solution n'est pas du goût de tout le monde. Un sociétaire monte à la tribune pour protester contre cette décision, et il émet l'avis qu'il y a lieu à voter sur la proposition.

Un autre sociétaire monte à la tribune, et, avec beaucoup d'esprit, fait une motion destinée à mettre tout le monde d'accord. Il propose que tous les membres de la Société commencent par se livrer eux-mêmes à cet exercice; leur exemple entraînera le public.

Le succès de fou rire qui accueille ses paroles est légitime.

L'auteur de la motion primitive ne se tient pourtant pas pour battu. Il déclare qu'il va demander à la municipalité la permission de faire publier, au son du tambour, en son nom personnel, une invitation aux citoyens et citoyennes à le suivre quintidi prochain, à six heures du matin, pour aller faire cette récolte civique, et il ajoute qu'il donnera de sa poche six sols à chaque enfant qui consentira à se joindre à lui.

On lui fait une ovation.

Le cavalier!... Encore le cavalier! Toujours le cavalier!

En voici bien d'une autre. Un membre monte à la tribune, et, avec un tremblement dans la voix, dénonce le fait suivant.

Le citoyen accepté par la Société pour partir comme cavalier n'a pas atteint l'âge réglementaire pour pouvoir disposer de son corps. Il n'a pas encore accompli sa vingt-cinquième année, et par conséquent il est toujours sous le coup de la réquisition. Donc, il n'a pas le droit d'être le cavalier de la Société.

Déception cruelle! impression lamentable!

Mais, ô bonheur! un autre membre succède à la tribune à ce citoyen alarmiste. Avec beaucoup de clarté il établit que les papiers du citoyen Maginet sont parfaitement réguliers, que, suivant ces papiers, le citoyen Maginet a dépassé, si peut soit-il, l'âge voulu, et que, par conséquent, il a parfaitement le droit de partir comme cavalier de la Société.

Cette solution définitive est accueillie avec transports.

On agite maintenant la question subsidiaire de savoir quand partira le cavalier. Les uns veulent que ce soit dès demain, les autres sont moins pressants. Finalement, on décide que le cavalier aura à se présenter à l'assemblée septidi prochain, *habillé* et équipé.

Viendra-t-il à cheval?... On ne le dit pas.

13 floréal an II (2 mai 1794). — Le cavalier devait se présenter à cette séance. Le cavalier brille par son absence. On demande pourquoi.

On répond que le cavalier tient à se présenter dans un état *présentable*. Or, il lui manque un habit, un manteau et autre chose encore qui est désigné par des points.

Séance tenante on nomme une commission chargée de pourvoir dans le plus bref délai au complément de l'habillement du cavalier.

Ce n'est pas fini. Une question se pose qui ne manque pas d'importance. La Société s'est engagée à donner au cavalier une somme d'argent. Mais, par suite de toutes sortes de mécomptes dont il n'est nullement responsable, ce malheureux ne peut pas partir, et par conséquent ne peut pas toucher son argent. Ne lui donnera-t-on pas une indemnité courant à partir du jour où il a été engagé par la Société?

C'est à résoudre.

20 floréal an II (9 mai 1794). — Le cavalier... Encore? Eh bien! oui, encore le cavalier! Il s'agit maintenant d'une grave question. Partira-t-il sans posséder ni habit, ni manteau, ni ce qui est désigné par des points? On discute, on échange des opinions, bref on conclut qu'il partira comme il est, mais qu'il touchera une indemnité de 50 fr. Le cavalier proteste, mais on lui prouve qu'il a tort. 50 fr., pas davantage.

Il part. Il est parti. Ouf!

Après cette farce, et faisant un magnifique contraste avec elle, je relève un trait vraiment beau et digne de l'époque. La citoyenne *Charlet* (il faut la nommer), une indigente, fait don à la Société populaire de cinq boisseaux de cendres pour faire du salpêtre, et elle dépose en même temps sur le bureau les trois écus de 6 francs qu'elle possède, et *qui constituent toute sa fortune.*

Quel temps! Quelles âmes!

23 floréal an II (12 mai 1794). — Je relève avec une satisfaction filiale les lignes suivantes :

« Le citoyen *Bellanger,* par une lettre dont le président donne lecture, informe la Société qu'il envoie à Paris cinq cent quatre-vingt-trois livres de salpêtre fabriqué par lui. Le citoyen Bellanger engage tous les bons citoyens et toutes les bonnes citoyennes à lui envoyer des cendres, persuadé qu'il est que tous feront aisément ce sacrifice si nécessaire pour combattre et pour vaincre les ennemis de notre liberté. »

Je reproduirai ici le passage suivant des procès-verbaux des séances du conseil général de la commune.

« Le 29 fructidor an II (15 septembre 1794), sur l'avis donné par l'agent national du district de Provins par sa lettre du 28 de ce mois, l'assemblée du conseil général de la commune a arrêté qu'il serait fait une proclamation invitant les citoyens à recueillir avec soin, faire sécher et même brûler les feuilles d'artichaux, les fannes de pommes de terre, de haricots, et en général tous les herbages et feuilles qui se coupent actuellement, pour procurer des cendres aux ateliers de salpêtre et de salin, et à déposer ces cendres chez le citoyen Bellanger, agent pour la fabrication. »

(*Archives municipales.*)

Mon grand-père avait établi son dépôt dans l'église Sainte-Croix. La fabrication se faisait dans l'église Saint-Nicolas.

Le président sollicite le zèle de l'assemblée, mais je remarque qu'il ne décerne à mon grand-père aucun de ces témoignages de satisfaction dont la Société se montre habituellement si prodigue. Évidemment, la Société se souvient que le citoyen Bellanger fut l'un des signataires de la lettre du 22 août 1793.

Mais, en dehors de ces petites querelles de clocher, comme tous ces gens sont vraiment bons !

Un pauvre homme de Saint-Sulpice déclare que, chargé de neuf enfants, il se voit réduit à demander des secours. Bien que, dans une séance antérieure, la Société ait décidé de renvoyer au district toute demande de secours, on ne résiste pas à la tentation de secourir un citoyen si digne d'intérêt. On quête, en dépit du règlement, et, en dépit du règlement, on récolte, séance tenante, 72 francs.

27 floréal an II (16 mai 1794). — Robespierre, par un décret,

> Daigne octroyer à Dieu son acte de naissance.

La Société envoie une adresse pour la fête de l'*Être suprême*.

30 floréal an II (19 mai 1794). — Une fête a été organisée par les enfants du collège de Provins pour célébrer le jeune héros républicain *Barra*.

Le cortège, précédé des tambours, est introduit dans la salle des séances et défile devant le fauteuil du président. Deux jeunes collégiens montent à la tribune et y prononcent successivement deux discours pour louer l'acte de *Barra* et pour affirmer, au nom de leurs camarades, qu'ils sont tous prêts à imiter son exemple. Le président leur répond, et, dans un discours *pathétique*, exprime les sentiments de la Société et la part qu'elle prend à cette manifestation patriotique. Il accorde à l'un des deux petits orateurs l'accolade fraternelle. On arrête mention civique au procès-verbal; après quoi les tambours battent la marche, et le cortège enfantin évacue la salle en bel ordre, aux cris mille fois répétés de : « Vive la République! Vive la Montagne! »

La Société entre en séance.

Une seule chose intéressante. C'est une lettre de l'agent national du district informant la Société que la Convention s'inquiète beaucoup de la question d'étendre et de perfectionner la fabrication des armes de guerre. En conséquence, la Société est invitée à rechercher et à désigner nominativement les citoyens qui, dans le district, seraient disposés à créer de nouvelles aciéries dans ce but.

7 prairial an II (26 mai 1794). — Premières dispositions relatives à la grande cérémonie nationale arrêtée pour le 20 prairial, la *Fête de l'Être suprême*. Des commissaires sont nommés.

On arrête un projet d'adresse à la Convention à l'occasion de l'*assassinat* de Collot d'Herbois et de Robespierre*.

---

* Voir à ce sujet le rapport sur l'*assassinat de Collot d'Herbois* lu à la *Convention nationale* au nom du Comité de Salut public par *Barère*, dans la séance du 4 prairial an II.

Un très grave souci trouble le repos des Provinois. Il n'existe pas dans leur ville une maison laïque d'éducation pour les filles. Les familles sont forcées de confier ces jeunes citoyennes à des personnes imbues de sentiments religieux et des principes de l'ancien régime. On demande que la municipalité de Provins organise une pension de filles dont les professeurs, soit hommes, soit femmes, seront en mesure de donner aux jeunes Provinoises une éducation plus conforme à l'esprit républicain.

La commune de Beton-Basoches est terriblement retardataire. On la dénonce comme coupable d'entendre encore la messe et les vêpres. Une commission est nommée pour s'y transporter et pour y faire célébrer la *Fête de l'Être suprême*.

On a le droit de s'étonner un peu de ne relever, à cette date, aucune description de cette mémorable *Fête de l'Être suprême*.

La municipalité avait mis une grande ardeur à l'annoncer et à la préparer.

« C'est demain, avait-elle dit dans sa proclamation aux habitants, que dans cette commune, que dans la France entière, l'existence de l'Être suprême et l'Immortalité de l'âme seront proclamés dans le sein d'une allégresse pure, en face de la nature. »

Le silence étrange de la Société et sa froideur dans une telle circonstance nous laisseraient penser qu'elle cède aujourd'hui à un regrettable sentiment quelque peu voisin de la jalousie. En tout cas, il est incontestable que la fête a été organisée par la commune et non par la Société, et que, dans ce jour, l'astre de la Société a pâli en regard de celui de la commune.

7 messidor an II (25 juin 1794). — Un membre ayant demandé que la municipalité fût invitée à élever un monument à la place où a été célébrée la *Fête de l'Être suprême*, le citoyen Prévost a été nommé pour cette mission. Il en rend compte.

Ce qu'il proposait à la municipalité au nom de la Société populaire, c'était de remplacer par une pyramide de pierre la pyramide de bois qui avait servi pour ce grand jour.

La municipalité accueille par des applaudissements le vœu de la Société. Mais elle regrette que l'état des finances de la ville ne permette pas d'exécuter dès maintenant ce projet patriotique. Elle s'engage, en attendant mieux, à laisser en place la pyramide de bois et à en surveiller soigneusement la conservation.

Le cavalier, même parvenu à destination et enrégimenté, ne cesse pourtant pas de faire parler de lui. L'arrangement relatif au cheval n'a pas eu l'agrément du ministère. En définitive, c'est le gouvernement qui fournit le cheval moyennant la somme de 900 francs qu'il fait payer à la Société pour son cavalier. Cette somme a été versée par le citoyen Opoix, à qui la Société a dû envoyer l'argent, et qui a bien voulu servir d'intermédiaire. Il envoie à la Société la quittance en bonne forme. Des remerciements lui sont votés pour sa complaisance.

Incident des plus curieux.

Une femme de vingt-deux ans est présentée par le président.

C'est la veuve d'un soldat qui vient d'être tué à l'ennemi.

Cette jeune femme, douée d'une bravoure extraordinaire, a suivi son mari à l'armée. Elle a partagé ses fatigues et ses dangers, elle s'est battue à ses côtés et a reçu deux coups de baïonnette dont elle est à peine guérie.

Elle est mère de deux enfants et belle-mère de trois autres.

Elle est native de Troyes et rejoint sa ville. Elle se trouve dans le plus affreux dénûment. Elle implore l'aide de la Société en attendant qu'elle puisse recevoir de l'État les secours auxquels elle a droit.

On se souvient qu'un article du règlement interdit les collectes. Mais dans un cas tel que celui-ci le règlement est dans son tort. En un instant on ramasse dans la salle plus de 60 francs qui sont offerts immédiatement à la noble héroïne, aux acclamations de la foule.

10 messidor an II (28 juin 1794). — La prise de *Charleroi* est annoncée et saluée par les applaudissements.

« Ce succès est une nouvelle preuve des prodiges que peut enfanter l'amour de la liberté. »

C'est vrai. Mais pas un mot pour le général. Son nom n'est pas prononcé.

C'est que, à cette minute de notre vie nationale, celui qui commande n'est rien ; l'armée elle-même est peu de chose. C'est la Révolution, c'est la République, c'est l'abstraction qui est tout. C'est elle qui se bat. C'est elle qui triomphe.

En réalité, la place s'était rendue à Jourdan le 25 juin.

Une motion est faite et acceptée. C'est la suivante :

« Considérant que la présence des prêtres dans la Société constitue un péril ; considérant qu'un arrêté précédent les exclut des commissions et du comité, on demande que désormais les prêtres soient exclus de la Société, et que tous ceux qui en font partie actuellement cessent de lui appartenir, comme tous ceux qui voudraient y entrer soient refusés. »

Adopté.

13 messidor an II (1ᵉʳ juillet 1794). — La citoyenne *Labille, receveuse charitable des prisonniers de Provins* (sic), adresse à la Société une lettre pour appeler l'attention sympathique de celle-ci sur le sort des détenus. Cette lettre, que nous regrettons de ne pas retrouver et qui fait tant d'honneur à l'excellente femme qui en est l'auteur, a la bonne fortune d'attendrir la Société. On nomme un commissaire pour examiner l'affaire et rédiger un rapport.

Anecdote assez plaisante et qu'il convient de noter en passant comme une information assez caractéristique des mœurs du temps :

Un citoyen de Provins, nommé *Cauvin*, membre de la Société populaire, se trouvant à

Donnemarie, sollicite et obtient l'honneur d'assister à la séance de la Société populaire de Donnemarie. On lui fait remarquer qu'il est *armé* et que le règlement défend formellement que personne assiste en armes à la séance. Cauvin se fâche et sort de la salle brusquement, comme un homme à qui on a fait un outrage.

Là-dessus, la Société de Donnemarie envoie à celle de Provins une protestation d'amitié et affirme que, dans cette occasion, le tort est au Provinois.

L'affaire, certes, n'est pas pour nous retenir. Mais elle nous révèle l'habitude où l'on était à cette époque de ne jamais voyager sans armes.

J'ai conservé longtemps de mon grand-père, Louis Arnoul, un magnifique sabre qui ne fut jamais *arme de guerre,* mais qui lui servait comme *arme de voyage.*

Nul citoyen ne se serait alors aventuré sur les routes sans être armé d'un sabre et d'une paire de pistolets.

On annonce à cette séance la *victoire de Fleurus* (du 25 juin). L'enthousiasme est immense. La Société arrête qu'une fête publique sera organisée par elle à cette occasion le décadi prochain, et elle convie tous les citoyens et citoyennes de cette ville à se rendre à son appel ce jour-là et à prêter le concours de leurs talents pour rehausser l'éclat de cette manifestation patriotique.

17 messidor an II (5 juillet 1794). — On annonce en séance la *prise d'Ostende* par les républicains, l'entrée des Français dans *Tournay*.

L'ivresse est au comble.

20 messidor an II (8 juillet 1794). — On lit une lettre d'un jeune soldat de Provins qui fait partie de l'armée du Nord. Ce garçon parle avec enthousiasme des récentes victoires de nos armes, et surtout du courage et de l'élan irrésistible des *républicains contre les esclaves*. En dépit de cette emphase rhétoricienne, qui est la marque de l'époque, on sent dans ces lignes ardentes l'ivresse du triomphe, le mépris du danger et le vrai *amour sacré de la patrie*.

On se souvient de la citoyenne Labille, si sympathique. On se souvient que cette noble femme, vouée par pure charité chrétienne au soulagement des détenus, demandait à la Société qu'il fût voté un subside pour subvenir à leurs besoins.

La conclusion du rapporteur est que la Société, tout en rendant hommage au dévouement admirable de la citoyenne Labille, n'est pas dans une situation financière qui lui permette de répondre favorablement à son appel. La Société regrette son impuissance, prie la citoyenne Labille de vouloir bien continuer son œuvre généreuse, et, désireuse de lui venir en aide dans la mesure de ses moyens, décide d'adresser à toutes les communes du district de Provins un appel pour que la population elle-même contribue par des dons au soulagement des détenus. Tous les dons qui seront offerts par la charité privée devront être remis dans les mains de la citoyenne Labille, qui en fera la distribution dans la prison, à son gré et au mieux des intérêts de ses protégés.

Mais le vrai but de cette séance est la fête patriotique destinée à glorifier nos succès militaires de l'armée du Nord.

Cette fête débute par un savant concert. Des artistes, placés dans les tribunes, exécutent des morceaux de musique patriotiques avec un succès des plus remarquables.

Après cette brillante partie, on entend un chœur patriotique (toujours) chanté par les citoyennes des tribunes, un peu à la diable, et dont, suivant la jolie expression du procès-verbal, *le beau désordre contraste avec la régularité de l'art.*

Puis se succèdent les uns aux autres, avec un entrain *patriotique*, plusieurs chants *patriotiques*, composés par des *patriotes* provinois et chantés par eux avec *patriotisme*.

23 messidor an II (11 juillet 1794). — La question de l'établissement d'une maison d'éducation laïque pour demoiselles est résolue. La citoyenne *Tavernier*, grâce à la protection de la Société populaire, a été agréée par la municipalité et elle est autorisée à fonder à Provins une maison d'éducation. Mais le local nécessaire lui manque. Elle demande à la Société de vouloir bien encore intercéder en sa faveur pour que la municipalité consente soit à lui concéder gratuitement, soit à lui louer le local indispensable à l'établissement qu'elle veut fonder.

La Société, considérant que le patriotisme, les vertus et les talents de la citoyenne Tavernier sont de notoriété publique, et que la création à Provins d'une maison d'éducation de demoiselles est de première nécessité, décide qu'une commission sera nommée et portera à la municipalité le vœu de la Société pour qu'un local commode soit mis à la disposition de la citoyenne Tavernier.

On lit une adresse que la Société de Provins envoie à la Convention pour la féliciter des victoires remportées par nos armées. « Car — dit l'adresse — ces triomphes ne viennent-ils pas en premier lieu de la Convention elle-même? N'est-ce pas sur les sommets de la montagne que s'est formé le tonnerre qui a écrasé les tyrans et leurs satellites, et n'est-ce pas en écrasant les factions que le gouvernement révolutionnaire a préparé nos victoires? »

Ah! pauvres généraux républicains, si grands par vos vertus, si grands par vos talents, qu'eussiez-vous dit en lisant ces lignes?

26 messidor an II (14 juillet 1794). — Séance un peu pâle, bien qu'elle soit consacrée à la fête commémorative de la *prise de la Bastille*. Discours pour glorifier les vainqueurs, chansons de circonstance, applaudissements, cris : « Vive la République, vive la Montagne! » C'est tout.

Visiblement les fêtes patriotiques sont trop multipliées. Le peuple en est un peu ressassé. Fêtes tous les décadis. C'est excessif.

30 messidor an II (18 juillet 1794). — La

municipalité informe la Société que, par un arrêté de l'administration du district, et vu l'état des greniers locaux, il ne sera plus délivré à chaque citoyen que cinq quarterons de pain.

« Cette situation gênée provient du *dévouement* avec lequel les Provinois ont envoyé leur blé aux Parisiens. »

Le mot *dévouement*, qui est employé par la municipalité, est vraiment comique. Ce n'est nullement de son plein gré, encore moins par générosité, que Provins a dirigé sur Paris la part la plus considérable des recettes du district. S'il a trop peu gardé pour ses besoins, c'est parce qu'il a dû céder aux ordres et aux menaces de la commune de Paris. Le beau résultat est celui-ci : Paris, qui a reçu trop de blé de Provins, va être obligé de lui en envoyer à son tour.

Et pourtant ce danger avait été signalé dès longtemps, puisqu'en mai 1793 on annonçait déjà au directoire du département que Provins manquait de blé pour sa consommation, et puisque des mesures avaient été prises pour conjurer ce péril.

« Le directoire du département autorise l'administration du district de Provins à faire des réquisitions dans la campagne et à retirer provisoirement des greniers de la République la quantité de blé suffisante pour la ville. »

<small>(Voir *Inventaire des Archives départementales*, période révolut. Seine-et-Marne, par Hugues, archiviste de Seine-et-Marne, t. I, 1904, fol. 123.)</small>

Il est question de demander la création à Provins d'un hôpital militaire. La Société est très favorable à ce projet.

On annonce la prochaine démolition de la porte *Changis** bâtisse gotique *(sic)*, si nuisible à l'écoulement des eaux. La Société, peu encline aux préoccupations archéologiques ou artistiques, applaudit de toutes ses mains à une mesure si conforme à l'intérêt et aux vœux des habitants.

3 thermidor an II (21 juillet 1794). — Encore une fête patriotique qui se prépare. Il s'agit de célébrer l'anniversaire du 10 août, c'est-à-dire la chute du trône et du tyran. Un plan est arrêté.

Grave nouvelle, à la fois heureuse et fâcheuse. D'une part, une recette admirable ; de l'autre, pas de bras pour faire la moisson.

<small>* La commune de Provins est autorisée à procéder à la démolition de la porte Changis et à la reconstruction des pilastres et piliers. (*Archives départ.*, p. 163.)</small>

Dans cette conjoncture, la Société populaire, qui n'est jamais en retard pour prendre des résolutions originales, arrête sur-le-champ les suivantes pour être proposées à la municipalité :

1° demain matin, 4 thermidor, à la première heure, on fera battre le rappel dans Provins;

2° tous les travaux seront suspendus excepté ceux qui concernent l'intérêt public;

3° tous les citoyens valides, sans nulle exception, seront mis à la disposition des cultivateurs des campagnes et employés par ceux-ci comme ouvriers moissonneurs;

4° l'administration se chargera de payer aux cultivateurs les salaires des citoyens qu'ils auront employés.

Les lettres du citoyen Opoix à la Société sont plutôt d'un philosophe et d'un savant que d'un homme politique. Il y a peu de temps il envoyait des conseils sur la culture des abeilles. Aujourd'hui il écrit relativement à la *construction du canal de Provins* et pour annoncer la mort du traître, ci-devant prince de *Salm-Kirbourg*, fondateur de l'entreprise.

Quelques mois plus tard, le département, « considérant que le canal de Provins est une propriété à laquelle la République semble avoir des droits par la condamnation à mort du prince Salm-Kirbourg; considérant aussi l'utilité de ce canal tant pour l'approvisionnement de Paris que pour la République, charge le district de recueillir tous les renseignements susceptibles d'établir le droit de la République sur ce canal ».

(*Archives de Seine-et-Marne*, Ventôse an III, p. 176.)

Le citoyen *Charriot*, nommé commissaire pour la recherche dans les maisons nationales et d'émigrés des monuments d'art, s'excuse et invoque ses occupations à la *Bibliothèque*.

Ces lignes sont doublement intéressantes. En même temps qu'elles nous révèlent le nom du bibliothécaire de la ville à cette époque, elles nous informent du soin que l'on avait pris de procéder avec méthode à l'inventaire des richesses artistiques appartenant à la nation. Cette mesure a été renouvelée tout récemment et dans des conditions exactement semblables, puisque le bibliothécaire actuel de la ville a été précisément choisi, lui aussi, pour inventorier les objets d'art dans les édifices religieux du canton de Donnemarie. *Nil sub sole novum*.

Cette affaire de la création d'une bibliothèque municipale à Provins en l'an II avait besoin d'être étudiée, car jusqu'à ce jour nul historien local n'en a fait mention. Voici exactement les informations que nous donnent les archives de la ville.

A la séance du 15 floréal an II (4 mai 1794), le directoire du district de Provins nomme commissaires pour l'organisation et l'établissement de la bibliothèque du district les quatre citoyens suivants, qui ont été désignés à son choix par la Société populaire. Ce sont les citoyens Moutier, Vaulgeard, Désert et Charriot. Il est nommé, en outre, deux commissaires-adjoints pour les aider dans leurs travaux.

La bibliothèque sera formée par les volumes provenant des quatre origines suivantes :

1° Des corps de communautés ecclésiastiques ;

2° Des émigrés ;

3° Des déportés ;

4° Des condamnés.

Chacun des commissaires était payé à raison de quatre livres par jour.

Il existe plusieurs pièces comptables, notamment deux ordonnances de paiement au profit de Charriot :

1° Ordonnancé en faveur de Charriot une

somme de 1240 livres pour son traitement pendant huit mois et huit jours, du 15 floréal an II au 3 pluviôse an III ;

2° Le 13 brumaire an III, ordonnancé en faveur du citoyen Charriot, l'un des commissaires, la somme de 634 livres pour cinq mois et huit jours qu'il a employés en cette qualité.

La bibliothèque fondée à cette époque fut installée dans les bâtiments de l'ancien couvent de Saint-Jacques.

10 thermidor an II (28 juillet 1794). — Deux lettres sont lues. Elles sont adressées à la Société par les jeunes Longuet et Nadrot, Provinois, élèves à l'*École de Mars* récemment fondée. Ces jeunes gens expriment les sentiments les plus patriotiques.

Je remarquerai à cette occasion que le département de Seine-et-Marne eut, en 1794, 36 jeunes gens élèves de l'*École de Mars* : Meaux 7, Melun 6, Nemours 9, Provins 6, Rosoy 8.

Les 6 élèves Provinois furent les suivants :

Longuet (Savinien-Toussaint) — Nadrot (Jean-Pierre) — Fabre (Noël-Cyprien) — Millière (Jacques-Benoît) — Ragon (Charles-Frédéric) — Jarry (Étienne).

12 thermidor an II (30 juillet 1794). — Enfin le citoyen Opoix a trouvé une occasion pour adresser à la Société populaire une lettre d'un intérêt sérieux. C'est lui qui annonce aux Montagnards provinois « *la conjuration du traître Robespierre et de ses complices* ». Séance tenante, on vote une adresse à la Convention pour la féliciter de l'énergie qu'elle a déployée dans cette occasion. La Société pouvait s'épargner des frais de rédaction en se reportant à l'adresse qu'elle a envoyée naguère à cette même Convention à l'occasion de la condamnation à mort des *traîtres Girondins*. Les noms seuls sont à modifier. La lâcheté est la même.

Une proposition est faite. On demande que dans les corps de garde il y ait autant de fusils que d'hommes de garde. C'est assez plaisant comme révélation. Ainsi, le citoyen qui montait la garde était armé, mais les autres non. C'était un fusil qu'on se repassait de l'un à l'autre, suivant le tour de garde.

17 thermidor an II (4 août 1794). — Le président lit une lettre. Elle n'est autre chose qu'un certificat d'héroïsme délivré spontanément par les officiers, sous-officiers et soldats du 104ᵉ de ligne, en faveur de Denis-Hippolyte *Guillard*,

de Provins, tué à l'ennemi dans des circonstances exceptionnellement honorables.

Le 28 floréal, dans un combat près Lille, cet admirable soldat, fusilier à la 3ᵉ compagnie, tombe, la cuisse fracassée par un biscaïen.

On l'emporte.

« Courage, mes amis — s'écrie-t-il — ce n'est rien. Ce n'est qu'une cuisse fracassée. Vive la République ! »

Le lendemain, il meurt de sa blessure.

Aucune rue de Provins ne porte le nom de Denis-Hippolyte Guillard.

La citoyenne *Tavernier*, institutrice, a sollicité de la bienveillance de la municipalité un local pour y installer une pension de jeunes filles. La municipalité l'autorise à disposer pour elle d'une partie des bâtiments de la ci-devant *Congrégation* occupés par la Société populaire, mais à la condition que celle-ci voudra bien consentir à cet arrangement. La Société s'empresse de donner son assentiment.

19 thermidor an II (6 août 1794). — La Société reçoit avec douleur la nouvelle de la mort du jeune *Lebeau*, tué à l'ennemi dans un combat livré près de Mortagne contre les *brigands de la Vendée*. Son nom sera inscrit sur le

tableau d'honneur que l'on doit placer dans la salle des séances.

Les détenus de l'un et de l'autre sexe font une pétition pour demander leur élargissement. La Société, qui, Robespierre étant mort, redoute moins de se compromettre, a l'air de prendre des mesures favorables aux pétitionnaires.

Le citoyen Bellanger, pharmacien, commissaire pour la fabrication du salpêtre, fait don à la Société d'un buste de Lepelletier en salpêtre. La Société accepte le don et arrête la mention civique.

26 thermidor an II (13 août 1794). — Séance extraordinaire, à l'occasion de l'arrivée à Provins du représentant *Maure*, commissaire de la Convention.

Le citoyen Maure fait son entrée au milieu des acclamations. Il prononce tout d'abord quelques paroles relatives à la chute de Robespierre. Avec un aplomb remarquable, il proclame que, dans cette affaire, il s'est agi d'une question de *principes*, non de *personnes*.

Le citoyen Opoix écrit qu'il s'occupe de démarches relatives à l'achèvement du canal de Provins. Sans doute ces démarches seront peu utiles. Mais ce ne sera pas par sa faute. On se souvient que, dans la séance du 15 avril 1794, la Société s'était préoccupée de cette question du canal. On peut croire que les démarches du citoyen Opoix étaient la conséquence du vœu exprimé alors par la Société. (Se reporter à sa lettre de la séance du 21 juillet dernier et à la note dont je l'ai fait suivre.) Évidemment, la question du canal a beaucoup préoccupé nos pères, et cette préoccupation est à leur louange.

Le citoyen Maure souffle à la Société des pensées un peu ambitieuses. Il considère l'état quelque peu délabré de la salle, et il exprime l'opinion que des réparations sont nécessaires. Il cite l'exemple de la Société d'Auxerre, qui, placée dans des conditions semblables, a réussi sans peine à subvenir aux frais d'aménagement de la salle de ses séances. Ces frais ont monté à la somme de 15.000 francs. C'est une bagatelle, si l'on songe que la classe riche a seule supporté le poids de cette dépense et que les Montagnards n'ont pas eu un sou à sortir de leur poche. Pourquoi ne ferait-on pas de même à Provins? La Société répond un peu timidement qu'elle y songera.

Le citoyen Maure est frappé de l'absence de

cérémonial aux obsèques des citoyens provinois. Il demande que la Société prenne sous son patronage la motion suivante, en trois articles :

1° que désormais tout citoyen soit porté en terre *dans un corbillard;*

2° que le corbillard soit couvert d'un drap mortuaire *tricolore;*

3° que le corbillard soit escorté par un détachement de la garde nationale.

On peut être un peu surpris de cette motion du citoyen Maure. Il ignorait donc que le 3 ventôse an II (21 février 1794), c'est-à-dire six mois avant lui, l'assemblée du conseil général de la commune avait déjà arrêté une pétition à l'administration du district à l'effet d'obtenir pour la commune un drap mortuaire tricolore et un corbillard pour les enterrements? Ou peut-être voulait-il se donner les gants d'être l'inventeur de l'idée?

(Voir *Archives municipales.*)

27 thermidor an II (14 août 1794). — Une commission, envoyée à Paris pour demander à la commune le prompt élargissement des détenus, rend compte de ses démarches. Ces délégués se sont adressés au représentant Opoix.

Celui-ci les a conduits à la commune, mais son influence n'a pas réussi à les introduire. On leur a répondu indirectement que l'on commençait par mettre en liberté les *pauvres*. Le tour des autres viendra ensuite.

3 fructidor an II (20 août 1794). — Le citoyen *Duportail,* dont les agissements lors de son séjour dans le district comme délégué du représentant Dubouchet ont paru blâmables, a été incarcéré. On instruit son affaire. La Société invite tous les citoyens et citoyennes qui à cette époque ont eu affaire avec Duportail à dire ce qu'ils savent.

La ville de Melun a pris l'initiative d'une souscription départementale pour les frais d'un vaisseau à offrir à la République. Ce vaisseau, qui se nommera *l'Agricole,* sera destiné à combattre *les avides et féroces Anglais qui osent s'arroger l'empire des mers.* La Société procède à l'organisation de la souscription dans le district.

10 fructidor an II (27 août 1794). — Duportail est chargé par tout le monde. Les révélations, les incriminations, les accusations pleuvent contre lui.

On se plaint que *l'institut national* (collège

de Provins) soit si peu fréquenté. On se plaint de l'indifférence des pères de famille pour l'instruction de leurs enfants.

On se préoccupe beaucoup de la liberté de la presse. On plaide en faveur de ce principe. L'intolérance est pourtant la vertu jacobine par excellence.

L'imprimeur Michelin, conformément à la promesse faite par lui à la précédente séance, livre gratuitement les exemplaires destinés à faire appel, au nom de la Société, à la générosité du public pour la souscription au vaisseau *l'Agricole*.

13 fructidor an II (30 août 1794). — On se plaint de la mauvaise qualité du pain. Pour remédier à la négligence des boulangers, on propose de rétablir les *fours communs*. Chaque citoyen aurait le droit de cuire son pain lui-même. Cette mesure stimulera le zèle des boulangers par la crainte de perdre leurs clients.

La création d'une route de Provins à Bray-sur-Seine préoccupe toujours la Société, et celle-ci ne manque aucune occasion de renouveler ses vœux et ses démarches en faveur de cette œuvre si désirable pour les deux villes.

20 fructidor an II (6 septembre 1794). — La

récolte des vins est abondante. On conclut de ce fait que le peuple doit être seul à en bénéficier. On demande que la loi du maximum soit appliquée aux vins suivant leur qualité, afin que ni le marchand de vins en gros, ni le marchand de vins en détail, ni le vigneron, ni le bourgeois, ne puissent profiter de cette largesse de la nature. Cette proposition est approuvée.

Une lettre de la Société populaire d'Auxerre signale quels dangers peut faire courir à la République la mise en liberté des détenus! On voit que les Jacobins d'Auxerre ont le cœur moins tendre que ceux de Provins.

30 fructidor an II (16 septembre 1794). — La Société a adressé à la municipalité une lettre pour inviter celle-ci à vouloir bien se charger du soin de la souscription ouverte pour le vaisseau l'*Agricole*.

La municipalité répond une lettre fort habile. Elle dit, en substance, que, surchargée de besogne, elle ne peut pas assumer un si pesant fardeau, mais qu'elle voit un grand avantage pour tous à confier à la Société populaire et montagnarde elle-même le soin de mener à bien une œuvre placée sous sa protection. En résumé, elle se désintéresse et abandonne la Société à son propre sort. Elle fait d'ailleurs les meilleurs vœux pour le succès de l'affaire, et surtout elle ne lui ménage pas des éloges parfois un peu voisins de l'ironie.

« Le sans-culotte, dit-elle, ira avec plus de plaisir déposer son offrande dans le sein de la Société, qui a conçu le projet, et qui, à la douce satisfaction d'être son modèle, joint encore l'avantage de fixer l'attention publique sur toutes les actions vertueuses et républicaines, la plus belle de toutes les récompenses pour un patriote. »

Réduite à ses propres ressources, la Société prend toutes les mesures que comporte la situation, tant pour la publicité et la propagande que pour l'organisation de la souscription.

Un fait bien digne d'être relevé :

La loi sur le maximum, une des erreurs de la Convention, est une tyrannie. Toutes les communes n'ont d'autre but que de l'éluder avec adresse. Donnemarie, Nangis, Bray, donnent des exemples de rébellion contre le maximum. A Chalautre-la-Grande, le mouvement est tout à fait insurrectionnel.

Eh bien! chose étrange, seuls contre tous,

nos Montagnards provinois défendent à outrance une loi qui lèse leurs intérêts personnels et dont ils sont les victimes.

C'est que vraiment ces hommes ont le sentiment du devoir, de l'obéissance passive à la loi.

Par ce côté ils méritent d'être loués, et il y a dans leur ténacité quelque chose de respectable.

J'ai dit qu'ils étaient en Seine-et-Marne les seuls défenseurs du maximum : je me suis trompé. La Société populaire de Melun est absolument dans les mêmes sentiments. Aussi ne nous étonnerons-nous pas de voir monter à la tribune le commissaire de la commission des subsistances pour féliciter au nom de la République la Société populaire de Provins des soins continuels qu'elle prend *pour le maintien de la loi*. Le président exprime simplement un fait lorsqu'il répond avec dignité au fonctionnaire de la République : « La Société met son unique félicité dans le maintien de la constitution et dans l'exécution de la loi. Elle n'a pas à juger la loi, mais à la faire respecter. »

Montesquieu n'eût pas mieux dit.

3ᵉ sans-culottide an II (19 septembre 1794).
— Lettre du citoyen Opoix.

Il annonce qu'il a présenté à la Convention un mémoire *sur les moyens de remplacer la potasse dans la fabrication du salpêtre*. La Convention a ordonné la distribution de ce mémoire, et le citoyen en envoie cent cinquante exemplaires pour être distribués par les soins de la Société.

La Société est invitée à assister aux exercices littéraires qui auront lieu à l'institut national à l'occasion de la fête de la 5e sans-culottide. La Société se fera un double devoir de se rendre à l'invitation du citoyen Garnier, directeur de l'institut national, car elle tient, d'une part, à marquer son estime pour le maître, et, de l'autre, à encourager les élèves par sa présence.

3 vendémiaire an III (24 septembre 1794). — Ce procès-verbal comprend deux parties distinctes. La première est la narration de la fête de la 5e sans-culottide consacrée *aux vertus et aux victoires;* la seconde, celle de la fête particulière organisée par l'institut national, disons par les collégiens.

Dans la première partie on ne peut mentionner que le discours du président. Ce discours, qui paraît avoir été long, est la glorification des vertus civiques et des vertus privées, « car, dit l'orateur, c'est de leur accord parfait que peut naître le bonheur de la République. »

Si cet aphorisme n'est pas neuf, tout au moins il est honnête et juste.

Les musiciens se chargent d'agrémenter cette première séance et ils font merveille, au dire du rapporteur. En outre, on a l'excellente idée d'aller chercher, à l'hôtel-Dieu (qui se nommait alors *hospice national*), les quelques soldats qui y sont hospitalisés par suite de blessures et à qui leur état de convalescents permet déjà de marcher. On salue leur arrivée avec enthousiasme aux accents de l'*hymne chéri*.

Mais la vraie fête commence.

Le conseil municipal fait son entrée dans la salle, suivi de tous les jeunes élèves de l'institut national.

Le cortège — cela va sans dire — est précédé de musiciens, et ceux-ci exécutent un air destiné à servir les causes les plus opposées et à résonner dans les solennités les plus dissemblables. C'est l'air connu :

Où peut-on être mieux qu'au sein de sa famille?

le même, qui, vingt ans plus tard, sera chanté

par la population parisienne pour saluer l'entrée dans ses murs du royal protégé de Fouché.

7 vendémiaire an III (28 septembre 1794). — Très curieux. L'agent national appelle l'attention de la Société sur une nouvelle invention. Il s'agit d'une *batteuse*, littéralement *d'une machine propre à accélérer le battage des grains*. Le fait de cette invention en 1794 est-il bien connu? Il m'a paru bon à signaler aux agronomes à titre de souvenir historique.

Le citoyen Opoix est un représentant qui paraît songer beaucoup plus à lui-même qu'à ses mandants. Il envoie à la Société un paquet de 300 exemplaires d'un hymne composé par lui à l'honneur de l'*Être suprême*. Il se plaint de l'indifférence ou de la froideur de la Société à son égard. On se demande si les 300 exemplaires de son hymne sont bien propres à réchauffer en sa faveur le zèle un peu attiédi des Provinois.

10 vendémiaire an III (1ᵉʳ octobre 1794). — On lit le rapport sur la *machine à battre*.

Avec un grand sens, le rapporteur fait valoir les avantages de cette précieuse invention. Il la considère comme appelée à rendre les plus grands services, particulièrement dans les circonstances actuelles. Économie de bras pour le travail, cela lui paraît répondre au premier de nos besoins, à l'heure où nous sommes. Le nom de l'inventeur est *Wrigt*.

Cet ouvrier est un mécanicien de la commune de Nangis. Le rapporteur conclut en proposant :

1° qu'il soit fait mention civique au procès-verbal de la découverte de Wrigt;

2° qu'il soit nommé une commission pour s'entendre avec l'administration du district et avec la municipalité à l'effet de procurer à Wrigt les fonds nécessaires à l'exécution et au lancement de sa *machine à battre*.

20 vendémiaire an III (11 octobre 1794). — Le citoyen *Maure*, qui n'a laissé aux Jacobins provinois que de bons souvenirs, a été l'objet d'une accusation devant les Jacobins de Paris. Il est sorti victorieux de cette épreuve, et les frères de Paris lui ont rendu justice. Ceux de Provins apprennent avec indignation les dénonciations contre leur ami, et se réjouissent du résultat final.

Les *boulangers* provinois se mettent en révolte contre les commissaires municipaux envoyés pour surveiller la fabrication du pain. On s'est plaint d'abus commis par eux. Des commissaires, envoyés pour examiner leurs farines, ont surpris chez un certain nombre d'entre eux des farines ou avariées, ou de qualité défectueuse, destinées à être employées comme mélange avec les bonnes farines. Quatre boulangers ont été convaincus de se livrer à cette fraude préjudiciable à la santé de la population. Ils n'ont pas nié le fait. Ils l'ont même avoué avec impudence et se sont moqués des commissaires en leur disant qu'ils faisaient journellement ce mélange de farines.

La municipalité prend des mesures énergiques pour mettre les boulangers à l'ordre. La Société adresse à la municipalité des félicitations pour sa vigilance et pour sa vigueur.

La Société déclare — en outre — s'associer en tous points aux sentiments exprimés par la municipalité dans l'adresse que celle-ci vient d'envoyer à la Convention à l'occasion de la chute de Robespierre. Elle affirme qu'elle est absolument d'accord avec elle et qu'elle partage sans aucune réserve ses sentiments.

On ne peut se défendre de songer aux querelles passionnées, parfois venimeuses, qui signalèrent trop longtemps les relations de la

Société avec cette municipalité, dont elle se proclame aujourd'hui la tendre sœur.

Le 9 thermidor a inspiré des réflexions.

23 vendémiaire an III (14 octobre 1794). — Très salutaire résolution. On arrête que tout boulanger qui se sera rebellé contre la municipalité et qui fait partie de la Société montagnarde, en sera exclu.

On lit un projet d'adresse à la Convention, un autre projet d'adresse aux Jacobins, relativement au 9 thermidor. Aucune rédaction ne satisfait. On renvoie au comité de rédaction. Pour qui sait lire entre les lignes, cela signifie que les uns sont heureux, les autres malheureux de ce qui s'est passé; cela signifie encore que tout le monde est perplexe et a peur de se compromettre par une affirmation trop nette de sa pensée.

Indécision et stupeur sont à l'ordre du jour.

27 vendémiaire an III (18 octobre 1794). — Le 9 thermidor a porté le coup mortel aux sociétés jacobines. La nouvelle loi votée par la Convention sur les sociétés populaires est lue en séance. On hasarde des observations. A quoi bon? La Société, *pleine de respect pour les décrets de la Convention,* passe à l'ordre du jour.

Désormais elle cesse d'être *montagnarde.* Elle

se nommera platement : *Citoyens composant la Société populaire de Provins.*

Pour se conformer à la nouvelle loi, tous les sociétaires seront tenus à venir eux-mêmes *écrire* (cette obligation gênera beaucoup d'entre eux), sur un tableau dressé à cet effet, leurs nom, prénoms, âge, qualité et demeure depuis 1789. Conformément à la même loi, la Société annule ses diplômes. Conformément à la même loi, ce ne sera plus au cri de : *Vive la Montagne* que le président ouvrira la séance ; ce sera au cri de : *Vive la Convention.* L'effondrement est complet.

13 brumaire an III (3 novembre 1794). — Le citoyen Garnier est un habile. Il ne perd aucune occasion de mettre en avant ses élèves, c'est-à-dire de se faire valoir lui-même. Il a fait composer par ses élèves un discours destiné à être envoyé à la Convention, et il vient offrir à la Société la primeur de cette composition littéraire, dont, cela va de soi, il est le coupable. Un enfant lit ce discours et obtient un grand succès. Le président lui répond. Il le félicite d'être élevé sous *l'aile* de l'instituteur Garnier. L'expression eût pu être évitée. Il y a tant de variétés d'oiseaux dans la création !

La *machine à battre* est vaincue. Le vaisseau *le Vengeur* triomphe d'elle. Sans souci du désir des souscripteurs, on décide que les sommes versées pour la *machine à battre* seront détournées de leur destination et versées au profit d'une souscription ouverte pour la construction du *Vengeur*.

Depuis quelque temps la Société, qui est devenue capitaliste, caresse un rêve. Elle voudrait acquérir la salle de ses séances, c'est-à-dire la ci-devant église de la ci-devant congrégation.

3 frimaire an III (23 novembre 1794). — Un attardé, un sans-culotte, veut protester contre la réaction thermidorienne. Il demande que le président se coiffe du bonnet rouge. Mais un autre membre demande, au contraire, que le président préside tête découverte, comme cela se pratique à la Convention. On va aux voix. Le bonnet rouge est battu. C'est le crâne découvert qui l'emporte.

7 frimaire an III (27 novembre 1794). — On demande que les séances en hiver n'aient plus lieu que les quintidis et décadis, c'est-à-dire six fois par mois, vu la rareté de la chandelle.

10 frimaire an III (30 novembre 1794). — Le citoyen *Doyen*, ex-général, monte à la tri-

bune. Il raconte qu'il a été victime de calomniateurs, qu'il a passé dans les prisons un temps qu'il regrette de n'avoir pu consacrer à la défense de la République; mais il ajoute que, rendu enfin à la liberté, il n'a plus qu'un désir, c'est de verser son sang pour la patrie.

Accolade fraternelle.

Le président fait un discours dans lequel il soutient la thèse un peu paradoxale que les sociétés populaires, même après la fermeture des Jacobins, continuent toujours à être chères à la Convention, et que celle-ci les considère toujours comme les vrais remparts de la République. Un membre fait remarquer que la Société est en retard pour féliciter la Convention à l'occasion de la fermeture des Jacobins. On arrête qu'une adresse de congratulations sera envoyée immédiatement.

Ne mâchons pas les mots, ce fut une lâcheté de la part de la Société jacobine.

Mais, hélas! qu'on se rappelle les adresses précédentes envoyées successivement par la Société à la Convention dans les circonstances les plus diverses, telles que l'exécution de Louis XVI, l'exécution des Girondins, l'exécution de Robespierre!

Lui ferons-nous un crime de cette versatilité? Elle a été ce que fut la société française à cette époque. Elle a subi les événements et s'y est conformée.

Le citoyen Opoix assiste à cette séance. Il félicite ses concitoyens de s'être élevés à la hauteur des circonstances (?). Dans son effusion il voudrait les embrasser tous, mais du moins il donne au président l'accolade fraternelle.

L'agent national de la commune monte à la tribune et lit l'adresse suivante envoyée par le conseil général de la commune aux citoyens représentants composant le comité de sûreté générale de la Convention, pour répondre à une infâme dénonciation dont la ville de Provins a été l'objet. La Société, indignée, approuve en tous points cette réponse et en arrête la reproduction *in extenso* au procès-verbal. La voici :

LIBERTÉ – ÉGALITÉ – VIVE LA RÉPUBLIQUE !

Le 3 frimaire an III de la République française une et indivisible.

« Les maire et officiers municipaux et membres du conseil général de la commune de Provins aux citoyens représentants du peuple composant le *comité de sûreté générale* de la Convention nationale.

« Nous apprenons que la commune de Provins vous a été dénoncée parce que les prêtres y disent la messe en public et dans le secret. Nous vous écrivons pour vous dire que le fait est faux. Nous avons été des premiers à fermer les églises; depuis ce temps il ne s'est pas dit une seule messe publique; les prêtres n'ont pas cessé d'être tranquilles, et il n'est pas venu à notre connaissance qu'il se fasse aucun rassemblement nocturne ou secret sous prétexte de culte. Voilà la vérité. La commune de Provins s'est toujours maintenue dans le calme, au milieu des agitations qui l'environnaient et des troubles qui ont existé, en particulier l'année dernière, dans le district de Meaux; et les magistrats apporteront encore aujourd'hui le même zèle, la même attention à comprimer tous les efforts que les ennemis de la République pourront tenter, ou pour exciter de nouvelles Vendées, seconder les projets des tyrans et éloigner le terme de notre bonheur, ou pour assouvir leurs passions féroces. On dit, à la vérité, que dans le district de Nogent-sur-Seine, département de l'Aube, à quatre lieues de Provins, et avec lequel nos communications se réitèrent à toute heure, la Société populaire est fermée et la salle devenue un temple catholique ; mais il ne paraît pas que les prêtres jouent un rôle dans cette mômerie superstitieuse. Quoi qu'il en soit, cet exemple ne germera point à Provins. Les magistrats ne souffriront jamais que les citoyens fassent un pas en arrière, et, tant que le gouvernement révolutionnaire durera et que la Convention n'aura pas prononcé la réouverture des églises, les églises resteront fermées, et tout rassemblement sous prétexte de culte sera regardé et traité comme séditieux.

« Nos consciences sont pures, notre dévouement entier, nos courages fermes et notre résolution réfléchie. Mais la commune de Provins n'a pu être dénoncée sans que ses magistrats fussent inculpés et ne paraissent coupables à vos yeux. C'est pour vous faire connaître la vérité que nous vous avons écrit, et c'est pour nous purifier de la calomnie et faire punir les calomniateurs que nous vous prions instamment de nous faire délivrer une copie notifiée de la dénonciation faite contre la commune de Provins. L'intérêt de la vérité, la justice due à nos concitoyens et l'honneur des magistrats compromis nous persuadent que vous nous accorderez notre demande. »

  Cheverry.   Ratat, *secrétaire*.

20 frimaire an III (10 décembre 1794). — Bilan exact des finances de la Société :

Actif.	2.957 livres	15 sols 3 deniers.
Passif.	1.756 —	11 — 1 —
Avoir réel. . .	1.201 livres	4 sols 2 deniers.

25 frimaire an III (15 décembre 1794). — Séance consacrée exclusivement à la poésie patriotique. Comme type de cette littérature, je reproduis la composition suivante :

CHANSON PATRIOTIQUE
par le citoyen Oroix,
représentant du peuple à la Convention nationale.

  Air : L'amour dans le cœur d'un Français.

  Citoyens, nos maux sont passés.
  Le ciel enfin nous est propice.
  Tous nos désirs sont exaucés
  Et partout règne la Justice.
  Que chacun de nous dans ce jour
    A la patrie
    Se sacrifie !
  Qu'elle seule ait tout son amour !

Français, voulez-vous être heureux ?
Ne formez qu'un peuple de frères.
De la liberté que les nœuds
Ne soient plus de vaines chimères !...
   (Refrain).

Loin de vous la division !
Des méchants craignez l'artifice !
Que toujours la Convention
Soit le point qui vous réunisse !
   (Refrain).

Et vous, qui de mille lauriers
Sans cesse ombragez votre tête,
Oui, c'est à vous, jeunes guerriers,
Que nous consacrons cette fête.
   (Refrain).

Français, n'ayons qu'un sentiment,
Celui de servir la patrie !
Tous ici faisons ce serment,
Et que nul jamais ne l'oublie !
   (Refrain).

Amis, recevez mes adieux.
Je pars, mon devoir me l'ordonne.
Mais mon cœur reste dans ces lieux...
Jamais je ne les abandonne.
Mais il faut aussi dans ce jour
  Qu'à la patrie
  Je sacrifie
Les doux objets de mon amour.

Une jeune citoyenne chante :

Amour sacré de la patrie !

Enfin, pour terminer dignement cette séance purement artistique, le président engage les citoyens et citoyennes à se rendre à la salle de la comédie pour y continuer gaîment la fête et y danser au son des instruments.

Et pourquoi non? Toutes les muses sont sœurs.

30 frimaire an III (20 décembre 1794). — La Société, qui ne sait plus à quoi dépenser son activité, décide qu'elle établira, pour les afficher sur ses murailles, quatre tableaux distincts comprenant :

Le premier, les noms des citoyens qui ont fait des dons patriotiques pour les défenseurs de la patrie ;

Le second, les noms des citoyens qui ont fait des dons pour l'embellissement de la salle ;

Le troisième, les noms des citoyens qui ont fait des dons pour le cavalier ;

Le quatrième, les noms des citoyens qui ont fait des dons pour le vaisseau *l'Agricole*.

Visiblement elle ne sait que faire.

5 nivôse an III (25 décembre 1794). — Ni

président, ni secrétaire. Séance levée faute d'assistants. Débâcle.

10 nivôse an III (30 décembre 1794). — Triste, triste. Il est question de recevoir un membre. Quelqu'un fait remarquer que l'on n'est pas en nombre. Le règlement exige la présence de 40 membres. On se compte. On se trouve 33.

Mais un autre membre fait observer que, si l'on est trop rigide sur cet article du règlement, on risquera fort de ne pouvoir plus désormais recevoir personne. Il demande que l'on donne un peu d'élasticité à l'article, dans l'intérêt du recrutement. Adopté.

La Société décline.

1795

Les cimetières. — Juel Desjardins. — Hymne à la Pudeur, par le citoyen Christophe Opoix. — Pour les pauvres. — Création d'une société dramatique de bienfaisance. — Suppression du buste de Marat. — *Lequinio*, représentant du peuple, commissaire de la Convention nationale. — Épuration réactionnaire. — Lettre du maçon Juin. — Affaires Colmet et Lambert, ex-curé de Saint-Ayoul. — Effondrement.

15 nivôse an III (4 janvier 1795). — On est en si petit nombre que, une discussion s'étant élevée, on est obligé de la renvoyer à une séance ultérieure. La Société décline.

20 nivôse an III (9 janvier 1795). — Une excellente réclamation au point de vue de l'hygiène publique. Quelqu'un demande pourquoi, malgré la loi concernant les cimetières, la ville continue à enterrer ses morts dans les anciens cimetières *intra muros*. On se plaint notamment du charnier Saint-Ayoul (entre la cour du quartier actuel de cavalerie et la rue actuelle Félix-Bourquelot), et on demande que ce foyer

pestilentiel soit transporté hors de la ville. On approuve, mais on fait observer que, seule, l'administration municipale a qualité pour examiner la question et pour la résoudre. En conséquence, la Société enverra un simple avis à l'administration. C'est tout ce qu'elle a le droit de faire.

La Société sent bien qu'elle a perdu son autorité ci-devant montagnarde. Elle courbe la tête.

La question des tableaux commémoratifs concernant les dons volontaires est examinée. On constate que le travail sera considérable et on le divise. Tel membre sera chargé du tableau relatif au cavalier, tel autre du tableau relatif au vaisseau *l'Agricole*, etc.

On lit, vraisemblablement pour passer le temps, un mémoire sur *la Justice considérée comme vertu morale*. Ce travail a pour auteur le citoyen *Desjardins*. Le mémoire est accueilli avec une grande faveur. Il est pourtant d'une faiblesse extrême. C'est une page de déclamation vide.

Le musée de Provins possède, du citoyen *Juel Desjardins*, un fort curieux portrait, peint avec talent et présentant une particularité assez rare. Les cheveux ramassés en queue, suivant la mode du temps, au lieu de pendre sur la nuque, sont ici relevés sur le sommet de la tête. Il est probable que tel était l'usage de les porter quand on était chez soi et en négligé.

La bibliothèque de Provins possède, en outre, le *Discours sur la Justice morale prononcé à la Société populaire de Provins, qui en a arrêté l'impression, par le citoyen Desjardins, membre de la Société. A Provins, à l'imprimerie Michelin, imprimeur du district.*

La grande préoccupation de la Société, c'est la désertion des séances. Chacun sent bien dans son cœur que l'agonie commence. Mais un incident va marquer d'une façon lamentable l'état d'affaissement moral où tombe la Société.

Un cas ne s'est pas encore rencontré depuis quatre années, c'est celui d'un citoyen sociétaire se présentant à la séance en état d'ivresse. Or, à cette séance se produit, aux regards attristés de tous, sociétaires et public, ce scandale sans précédent. Le citoyen *Beaujeu* trouble la séance de la façon la plus regrettable. Par extrême magnanimité, au lieu de le rayer tout simplement comme indigne, on se borne à lui infliger une punition fraternelle et dérisoire :

on le prive d'assister aux trois séances suivantes.

La Société est bien malade.

25 nivôse an III (14 janvier 1795). — On s'ingénie à créer des attractions pour attirer les sociétaires et le public aux séances. On organise des concerts. Les artistes amateurs faisant partie de la Société forment entre eux un quatuor pour exécuter régulièrement de la musique de chambre. On suppose, non sans vraisemblance, que ce régal artistique offrira plus de séductions que les discours patriotiques, dont chacun commence à se lasser.

30 nivôse an III (19 juin 1795). — Le citoyen Opoix a envoyé à la Société son *Discours sur la fête de la Pudeur*. Voici le titre exact de cette brochure :

FÊTE A LA PUDEUR

proposée comme modèle pour les autres fêtes décadaires
par Opoix, *représentant du peuple.*
Imprimé par ordre de la Convention nationale
à l'imprimerie nationale.
Nivôse, l'an III.

L'*Hymne à la Pudeur*, qui termine ce discours et qui en constitue la page saillante, m'a paru digne d'être reproduit ici, non comme un chef-d'œuvre de poésie, mais comme un monument assez curieux de la littérature du temps.

HYMNE A LA PUDEUR

Descends de la voûte azurée !
Ils sont passés ces tristes jours
Où tu fuyais, toute éplorée,
L'air qu'on respire près des cours.

Assez des âmes criminelles,
Dans ces séjours souillés d'horreurs,
Ont de tes roses immortelles
Profané les vives couleurs.

La France, enfin régénérée,
Bannit le vice et les tyrans.
Déjà du règne heureux d'Astrée
Nous contemplons les fruits naissants.

Pudeur ! fille de la Nature !
Bientôt ta timide rougeur
Sera la plus belle parure
Et le fard du sexe enchanteur.

Ah ! sans cesse de l'innocence
Colore le front ingénu,
Accompagne l'adolescence
Et couvre son sein demi-nu.

Inspire à la nouvelle épouse
Ces refus si vains et si doux,
Quand mollement elle repousse
Les caresses d'un jeune époux.

Que sa résistance a de charmes
Auprès de l'amant délicat !
Elle cède, elle rend les armes,
Mais elle a l'honneur du combat.

Chastes époux, à l'œil vulgaire
Dérobez vos ardents désirs !
Que le silence et le mystère
Prêtent leur ombre à vos plaisirs !

Entre son époux et son père
Pénélope doit prononcer...
C'est son époux qu'elle préfère,
Mais comment oser l'avouer ?

Un voile a couvert son visage ;
Il dérobe aux yeux sa rougeur.
Son père comprend ce langage...
Il voit que l'amour est vainqueur.

Pour que ce trait serve d'exemple,
Quoiqu'il coûte cher à son cœur.
Icare fait bâtir un temple
Et le consacre à la *Pudeur*.

L'infâme Tarquin, par un crime,
De Lucrèce a ravi l'honneur.
Lucrèce, innocente victime,
Se plonge un poignard dans le cœur.

En tombant, Lucrèce expirante
Craint de s'offrir indécemment.
Autour d'elle sa main tremblante
Cherche à serrer son vêtement.

Ainsi sa *pudeur* vit encore,
Quand elle-même ne vit plus,
Et sa mort pour Rome est l'aurore
Du nouveau règne des vertus.

Sur la tombe de Virginie
Avec Paul répandons des pleurs.
La *pudeur* lui coûta la vie
Et de tous deux fit les malheurs.

De la mort, qui s'offre à sa vue,
Elle peut braver la fureur,
Mais il faudrait se livrer nue
Dans les bras d'un libérateur.

Elle allait embrasser sa mère,
Et l'amour est là qui l'attend...
O *Pudeur*, elle te préfère
A la nature, à son amant !

Filles, conservez la mémoire
De son sublime dévoûment,
Et, quand vous lirez son histoire,
Dites : « J'en aurais fait autant. »

Vous, par qui la toile s'anime
Et le marbre paraît frémir,
Aux travaux de votre art sublime
Que la *Pudeur* puisse applaudir.

Non, de la palme du génie
Jamais vous n'obtiendrez l'honneur ;
L'homme de bien vous le dénie,
Si vous effrayez la *Pudeur*.

> Partout prescrivez la décence,
> Législateurs et magistrats;
> L'immodestie et l'impudence
> Sont la ruine des États.
>
> Les bonnes mœurs des Républiques
> Sont le soutien, font le bonheur.
> Parmi nos vertus domestiques,
> O Français, comptons la *Pudeur*.
>
> Que dans le sein de nos ménages
> Soit un autel en son honneur.
> Tous les sexes et tous les âges
> Doivent un culte à la *Pudeur*.

2 pluviôse an III (21 janvier 1795). — La rigueur de l'hiver est excessive et la misère est affreuse. Les ouvriers souffrent tout ensemble de la faim et du froid. Dans cette conjoncture, un membre émet l'avis de prélever, sur le capital de 2.000 francs dont la Société dispose, une somme de 300 francs pour le soulagement des pauvres. Cette touchante pensée rallie tout le monde, et la proposition est adoptée. Des commissaires sont nommés pour la distribution de ce secours.

10 pluviôse an III (29 janvier 1795). — Séance bien remarquable et certainement la plus belle de toutes celles auxquelles la Société nous a fait assister depuis sa venue au monde.

Les commissaires désignés à la dernière séance pour la distribution des 300 francs aux indigents rendent compte de leur mission. Ils ont donné 5 francs à 60 malheureux divers. Mais le tableau qu'ils font de la misère générale est navrant et révèle trop clairement combien le secours, si précieux qu'il ait pu être, s'est trouvé insuffisant. Ils n'ont pu secourir qu'une très faible partie des familles en détresse. Ils ont eu la douleur de ne pouvoir pas venir en aide aux autres.

La Société s'émeut au récit de ces détails attristants. Elle songe tout de suite à réparer ce qu'elle regarde comme une injustice commise par elle.

Un membre s'écrie qu'il y a de la cruauté à secourir les uns sans secourir les autres. Le moyen de remédier au mal est bien simple. Puisque les 300 francs n'ont pas suffi, il faut doubler la somme. Quel meilleur usage pourra-t-on jamais faire de la caisse sociale?

On applaudit.

Un autre membre ajoute que la Société est en présence d'une situation exceptionnelle, qu'elle ne doit pas hésiter à se montrer généreuse sans limites et que son premier devoir est de secourir l'infortune, coûte que coûte. Là-dessus, la somme votée précédemment est portée à 600 francs.

A ce moment un membre, le citoyen Michelin, imprimeur, au nom d'un généreux anonyme, verse une somme de 300 francs pour les indigents ; un autre membre, le citoyen Bertrand, verse pareillement 300 francs pour le même objet. Enfin, une autre personne verse encore 50 francs, toujours pour les malheureux.

On le voit, la boule de neige s'arrondit. Ce n'est rien. La charité est ingénieuse.

Séance tenante, on crée une société d'amateurs qui auront pour objectif la fondation et l'organisation immédiates d'une suite de représentations théâtrales dont le produit sera consacré exclusivement à secourir la population indigente.

Par curiosité, je citerai les articles statutaires de cette société dramatique :

1° La municipalité sera informée que l'établissement se fera dans la salle ordinaire de la comédie.

2° Personne ne sera exempt de payer son entrée au spectacle, excepté les artistes et les commissaires.

3° Le tarif des places sera de 25 sols pour les premières loges, 15 sols pour le parterre, 10 sols pour le paradis.

4° Il y aura à la porte d'entrée une sentinelle nommée par la municipalité.

5° Tous les frais, de quelque nature qu'ils soient, seront pris sur la recette, et l'excédent sera distribué par la municipalité elle-même.

6° Tous les frais de musique, costumes et autres seront supportés par les artistes amateurs.

On le voit. La Société, déchue de son rôle politique, passe, pour sa gloire, à l'état de société de bienfaisance. Elle y était préparée depuis longtemps par les sentiments généreux dont elle a donné tant de témoignages depuis que nous la connaissons.

Je me reprocherais de ne pas rappeler ici un acte de désintéressement qui prouve à quelle hauteur s'élevèrent les âmes des pauvres gens dans ces temps héroïques :

Une pauvresse a reçu de la main des commissaires une pièce de 5 francs, comme ses voisines. Le lendemain, elle vient trouver le président et elle lui explique posément qu'elle a réfléchi et qu'elle n'est pas assez malheureuse encore pour avoir besoin de ce secours. Elle rend les 5 francs à la Société, pour qu'ils soient donnés à plus malheureuse qu'elle.

25 pluviôse an III (13 février 1795). — Symptôme bien alarmant. Les citoyens *Finot*, maire, et *Bureau*, officier municipal, envoient leur démission de membres de la Société. On rougit donc aujourd'hui d'un titre dont on se glorifiait hier? O Robespierre, les thermidoriens nous ont tous guillotinés avec toi!

Et ceci n'est rien encore. Lisez ce qui suit :

« Pour satisfaire à un *désir* (désir est charmant) de la Convention nationale, la Société arrête que les bustes des personnes décédées depuis 1789 et qui, par suite des honneurs du Panthéon, avaient été placés dans la salle des séances, en seront retirés. »

Or, savez-vous quels sont ces bustes?...

Celui de *Marat*, de l'ami du peuple, du martyr de la liberté, figure en première ligne! O revers!

Mais ce qu'il y a d'étonnant dans tout ceci, c'est la sérénité imperturbable avec laquelle nos ci-devant Montagnards provinois se conforment aux ordres du pouvoir.

30 pluviôse an III (18 février 1795). — Séance galvanisée par la présence du citoyen

représentant *Lequinio**, commissaire de la Convention. La mission du citoyen Lequinio a pour objectif de changer les fonctionnaires de la région et de remplacer les sans-culottes par des gens un peu moins exaltés.

Ses efforts ne sont pas toujours heureux. Par exemple, il nomme assesseur du juge de paix le citoyen Andry; il nomme agent national le citoyen Rayer. Tous deux font valoir des raisons plus ou moins sérieuses pour se soustraire à l'honneur. On sent que charges et fonctions publiques sont peu enviées, et pour deux motifs : d'abord parce qu'elles sont médiocrement rémunératrices, ensuite parce qu'elles sont trop exposées aux changements.

Le citoyen Lequinio fait un discours qui est fort applaudi. Puis il entend des bambins qui lui récitent le catéchisme républicain. On chante ensuite des hymnes patriotiques. Il embrasse les enfants, il embrasse le président, il embrasse tout le monde.

Suit le compte rendu de la répartition des secours ordonnée par la Société entre les indigents de Provins.

---

* Lequinio de Kerblay (Joseph-Marie), 1755-1813.

Le total des sommes à distribuer montait à 1.538 livres, soit 900 liv. de la Société et 938 des dons particuliers. Il a été distribué, savoir :

le 2 pluviôse à	70 personnes . .	385 livres.
le 15 pluviôse à	130 —	601 —
	200 personnes.	986 livres.
Il reste en caisse	. . . .	552 —
	Total égal..	1538 livres.

La Société décide que les indigents qui auraient été oubliés pourront se présenter à la Société demain, à l'heure fixée par elle, afin de recevoir, sur leur réclamation, les 5 francs auxquels ils ont droit individuellement.

Le représentant Lequinio se déclare très édifié par cette scène dont il est le témoin, et il donne de légitimes éloges à la générosité de la Société.

Pour clôturer montagnardement la séance, des enfants chantent des couplets patriotiques. Cette fois je m'abstiendrai de rire, mon propre père, alors âgé de sept ans, étant au nombre de ces jeunes artistes lyriques.

15 ventôse an III (5 mars 1795). — Les séances deviennent de plus en plus incolores. De nouvelles démissions sont envoyées. Une motion est faite, c'est la suivante, très suggestive :

« Considérant que le 9 thermidor, en mettant fin à la terreur, a modifié de fond en comble les opinions des citoyens, on demande qu'il soit procédé à une épuration générale de la Société. »

Ce qui signifie : on expulsera de la Société tous les sociétaires qui paraîtront fidèles aux principes de la ci-devant Montagne.

La réaction s'accentue.

Un décret de la Convention ayant décidé la création d'*écoles centrales* sur tout le territoire de la République, la Société, d'accord avec la municipalité, adresse à la Convention une députation à l'effet d'obtenir que le siège d'une école centrale soit établi à Provins. La Convention fait le meilleur accueil aux envoyés provinois et leur donne les promesses les plus encourageantes.

20 ventôse an III (10 mars 1795). — On rend compte de la répartition du reste de la somme destinée aux indigents. Il a été distribué aux personnes qui se sont présentées, savoir :

d'une part à	36 personnes...	198 francs.
d'autre part à	37 — ...	175 —
d'autre part à	32 — ...	151 —
	105 personnes.	524 francs.

Si l'on ajoute à ces totaux partiels nouveaux

les totaux partiels antérieurs, on constate que la Société a distribué des secours à 305 indigents, et qu'elle a donné à chacun d'eux individuellement une pièce de 5 francs.

25 ventôse an III (15 mars 1795). — On arrête que les prêtres auront de nouveau le droit de faire partie de la Société. C'est une réhabilitation.

30 ventôse an III (20 mars 1795). — Une dénonciation aussi curieuse par le fond que par la forme. Il faut la reproduire telle quelle.

Le citoyen Juin, maçon, demeurant à Provins, envoie à la Société l'adresse suivante :

« Déposition faite contre les citoiens Fariat et Philippe tout deux membre du sidevant Comité révolutionnaire et de la manière qu'ils se sont comportées venants chez moy les 29 ou 30 nivose an 2 de la République.

« Scavoir en arrivant dans notre maison en y entrant ils ont demandés à ma femme où que j'étais à travailler pour me chercher. Étant de retour à notre maison ils ont demandés une chambre à part en même temps ils ont demandés de leur faire du feu et de leur mettre une table ils se fesait servir comme des ci devant seigneurs.

« Ont commencé par dire à ma femme qu'elle sorte de cette chambre. Sur cette parole elle leur y a répondu pourquoi voulez vous que je sorte nous n'avons rien de caché entre l'homme et la femme.

« Ce misérable Fariat a toujours persisté a prise ma femme par le bras et la mis à la porte en lui disant qu'il allait interroger son homme et que d'après son tour viendrait. En même temps il tira de sa poche un pistolet étant munis de deux les posants sur la table. Celui y a fait à ma femme une si grande révolution qu'elle a été du temps sans en pouvoir revenir. Jugez honnéte citoien si c'est comme ca qu'on doit se comporter chez d'honnêtes gens ils n'avait pas peur de faire mourir ma femme de révolution. En même temps il m'adresse la parolle pour me dire que j'étais soupçonné d'avoir caché de l'argent chez le citoien Rivaut de Vienne. Et moi innocent sur la demande qu'il mont fait je leurs y ai répondu que j'avais jamais travailloé chez ce citoien et mont menacé que si je ne leurs aviou pas il allait me faire incarcer tant le que la guerre dureret. Ils m'on pris par tout les bout me disant qu'il savait qu'il en avait que j'aille leur montrer la place ou qu'était l'argent, qu'ils m'avion accusé d'avoir caché et qu'ils m'en donnerions la moitié. Et je leus y ai répondu que j'étais pus juste queu, qu'il me montre la place et que je leus y abandonnerait tout d'autant que j'étais innocent de leu mensonges.

« Je suis ben aise citoien de vous instruire de la manière comme ses mauvais sujet se sont comporté chez moi.

« Citoien salut et fraternité.

« *Signé* Juin, macon à Provins. »

5 germinal an III (25 mars 1795). — On demande que l'on fasse disparaître des murs de la salle des séances les mots de *Mort* et de *Bonnet rouge*, qui contrastent avec les principes actuels.

Quel abîme creusé entre hier et aujourd'hui !

10 germinal an III (30 mars 1795). — L'épuration suit son cours. Elle révèle un grand nombre de faits qui ne sont pas à l'honneur des incriminés. Ce sont surtout les anciens membres du comité révolutionnaire qui paraissent compromis.

Le citoyen *Colmet* est convaincu d'avoir exercé sur les malheureux détenus une vraie barbarie. Il ne se présentait devant eux que le pistolet à la main. Il les menaçait de faire feu sur quiconque paraîtrait aux fenêtres, etc. En outre, on l'accuse d'avoir tiré de l'argent des prisonniers.

Le curé de Saint-Ayoul, notre vieille connaissance, le citoyen *Lambert*, lui qui a joué un rôle si prépondérant, non seulement dans la Société, mais aussi dans le comité révolutionnaire, le curé Lambert est appelé à se défendre contre les plus graves accusations. On lui reproche notamment de s'être montré d'une dureté cruelle à l'égard des curés détenus.

Le citoyen Lambert, curé de Saint-Ayoul, dont nous avons eu tant de fois l'occasion de signaler les ardeurs révolutionnaires, mais qui ne nous a jamais fourni le moindre prétexte à suspecter sa sincérité ni son intégrité, s'était fait bien des ennemis pendant les beaux jours de la puissance montagnarde à Provins. Victime de la réaction thermidorienne, il fut privé de ses armes et de ses droits de citoyen. Le curé Lambert était homme de combat. Il n'accepta pas ce jugement sans protester. Il adressa au directoire du département un mémoire dans lequel il réfuta point par point chacune des accusations lancées contre lui.

L'analyse de ce document est vraiment digne de figurer ici, parce qu'elle complète d'une façon très exacte cette physionomie originale et d'ailleurs peu sympathique du curé jacobin.

« Vu le mémoire du citoyen L..., ex-curé de la paroisse de Saint-Ayoul de Provins et ancien membre du ci-devant comité révolutionnaire de la même commune, tendant à obtenir la remise de ses armes qui lui ont été enlevées ;

« Vu les motifs du désarmement fournis par ladite municipalité, où il est dit que son caractère dur est peint sur sa figure et dans toutes ses actions, qu'il se fait un mérite de son excessive dureté, traitant les détenus inhumainement, ce qui avait été la cause de son expulsion de la Société populaire ;

« Le département, considérant que le susdit citoyen n'a fait partie d'aucun des deux tribunaux révolutionnaires qui ont répandu la terreur dans la commune de Provins ; qu'il n'est point accusé d'avoir pris part à aucune taxe révolutionnaire ; qu'il a reçu de la nature un caractère dur et quelquefois morose, et que ses formes sont souvent sévères et peu obligeantes ; qu'on ne pourrait lui reprocher ces défauts que l'éducation n'a pu effacer, qu'autant que, pendant son assistance au comité, il aurait été l'auteur ou le complice d'actes tyranniques ou arbitraires ;

« Que l'inculpation faite au citoyen L... d'avoir dit que, si le représentant Maure avait suivi son avis, de 110 à 112 détenus à qui on a donné la liberté, 10 au plus l'auraient obtenue, n'est appuyée d'aucune preuve, etc...

« Arrête, conformément à l'avis du district de Provins, que les armes seront rendues à l'intéressé, et le réhabilite dans ses droits de citoyen. »

(Archives départementales, messidor an III, p. 187.)

Quoi qu'il en soit, cet homme, malgré tout ce qu'il a pu dire pour sa justification, nous apparaît comme un bien triste sire, et peu fait pour honorer cette révolution dont il s'est proclamé le fervent disciple.

Un membre est dénoncé comme étant partisan des ci-devant terroristes.

Enfin, un autre membre est dénoncé comme ayant entretenu des relations particulières avec le montagnard Dubouchet, jadis l'idole de la Société. On le voit, la réaction n'a plus de progrès à faire.

Conclusion : On ne conservera, dans la

Société régénérée (?), que les citoyens qui consentiront *à brûler ce qu'ils ont adoré et à adorer ce qu'ils ont brûlé.*

15 germinal an III (4 avril 1795). — Dernière séance. Elle n'offre aucun détail digne d'être noté.

Je ne sais pas si la Société populaire de Provins a prolongé de quelques semaines son agonie. Mais ici finit son Journal et par conséquent son histoire.

CONCLUSION

Parvenu au terme de cette longue analyse, j'essaierai maintenant de jeter un coup d'œil sur l'ensemble des faits dont les procès-verbaux de la Société populaire nous ont rendus les témoins.

D'une part, je résumerai les phases diverses par lesquelles a passé successivement la Société dans la carrière relativement longue parcourue par elle.

De l'autre, j'examinerai et j'apprécierai de quel esprit elle fut tour à tour animée et quelle influence elle exerça sur la population provinoise.

Enfin, m'élevant plus haut, je chercherai à déterminer, au point de vue de la vérité historique, la juste mesure de reconnaissance ou de réprobation qui est due par les héritiers de la révolution à cette fameuse société des Jacobins qui fut, comme on sait, de 1790 à 1795, l'un des rouages les plus puissants de l'organisme révolutionnaire.

*
* *

Nous avons vu que la Société populaire formée à Provins le 1ᵉʳ janvier 1791 avait terminé son existence en mars 1795. Elle avait survécu de quelques semaines à la Société mère et fonctionné un peu plus de quatre années.

Durant ces quatre années, elle avait changé quatre fois de nom.

Elle s'était appelée tour à tour *Société des amis de la constitution*; puis *Société populaire de Provins;* puis *Société populaire et montagnarde de Provins,* et enfin, après la chute de Robespierre, elle avait dû prendre la dénomination de *Citoyens composant la Société populaire de Provins.*

Chacune de ces diverses dénominations répondait à un changement d'orientation de la révolution et en reflétait le caractère.

Chose bizarre! Ces gens, capables de toutes les aberrations, de toutes les inconséquences, si vous le voulez même, de toutes les sottises, ces gens-là, au fond, furent bons et humains, susceptibles des mouvements les plus généreux.

Nous les avons vus à l'œuvre. Nous avons, plus d'une fois, admiré avec quel élan sincère ils secourent toutes les infortunes, avec quel enthousiasme ils saluent tous les dévouements dont l'origine leur apparaît comme une manifestation ou une confession de la foi républicaine. Ce sont des croyants, ce sont des exaltés, ce sont des fanatiques. Ne leur demandez ni raisonnements ni faculté de raisonner. Mais de leur sincérité, mais de leur bonne foi, ne doutez jamais.

Leur respect pour la loi est religieux. Ils se sont constitués ses exécuteurs; ils se considèrent comme les soldats de la Convention et comme les sentinelles vigilantes préposées à l'observation de ses décrets.

On a vu avec quelle ponctualité le district de Provins s'est soumis à l'odieuse tyrannie de la loi du *maximum*. On a vu aussi avec quelle implacable rudesse la Société populaire et son comité de surveillance ont travaillé à l'exécution de cette loi.

Dans la question si délicate de l'approvisionnement de Paris, on se rappelle avec quelle ardeur, parfois ombrageuse et tracassière, mais toujours opportune, la Société s'est faite, dans cette occasion, l'auxiliaire de la municipalité et du directoire du district pour empêcher toutes les fraudes, pour prévenir tous les mécomptes. Que sa bonne volonté n'ait pas quelquefois dépassé la mesure permise, que trop souvent ses procédés aient été vexatoires et tyranniques, je n'essaierai pas de le nier. Mais le résultat fut trop conforme aux désirs de l'administration, et, disons le mot, à l'intérêt général, pour que la Convention refusât de donner au district de Provins un témoignage de sa satisfaction. Elle déclara que, dans cette occasion, *le district de Provins avait bien mérité de la patrie.* Certainement la Société populaire a le droit de revendiquer pour elle la plus large part de cet éloge, car si les rassemblements de grains ont pu être effectués avec tant de régularité, si les greniers de l'État ont pu être si promptement remplis, c'est précisément à l'infatigable activité et à la vigilance inquisitoriale, mais nécessaire, des membres du comité des subsistances, que ce succès doit être attribué.

On voit donc que la Société populaire, si elle mérite beaucoup de critiques, a droit aussi à beaucoup d'éloges.

Mais c'est principalement, à mon sens, au point de vue de l'esprit militaire que la Société populaire de Provins mérite le pardon de ses fautes.

La région briarde, il faut le reconnaître, est d'un tempérament un peu tiède. La Société populaire, par son effervescence, même factice, a contribué puissamment à surexciter et à entretenir en elle la fièvre de l'exaltation jacobine.

Si ampoulés, si ridicules que nous apparaissent aujourd'hui ces dithyrambes patriotiques dont nous avons lu ci-dessus plusieurs échantillons, si plate et si enfantine que nous jugions aujourd'hui cette littérature de club, il est impossible de nier la puissance entraînante exercée par elle sur les masses de ce temps-là. C'est que, pour les hommes de 93, il n'y a qu'un air et qu'un couplet, et c'est à cet air et à ce couplet que toute la littérature du temps aboutit. *Liberté, égalité, patrie, république,* ces quatre mots sont la langue et suffisent pour tout exprimer. Aussi bien, le citoyen de la France nouvelle a-t-il autre chose à dire que son amour pour cette *liberté* reconquise par lui d'hier, pour cette *égalité* à laquelle il aspire de toutes les puissances de ses convoitises morales et sociales, pour cette *patrie* qui lui apparaît logiquement aujourd'hui comme une famille dont il est un membre, pour cette *République*, enfin, dont l'organisme vital ne le préoccupe sans doute pas outre mesure, mais dont le rôle tutélaire ne lui échappe pas, parce que, il le sent bien, cette forme de gouvernement est la consécration législative des principes qui lui sont chers.

Je résumerai comme suit mon appréciation sur les Jacobins de Provins :

Des hommes qui, durant quatre années, ont exercé sur la population et les autorités provinoises un pouvoir inquisitorial sans bornes, et à qui nous n'avons à reprocher aucun excès, aucun acte vraiment haïssable, de tels hommes ont droit à notre indulgence.

Certes, leur intelligence politique fut médiocre, et, dans de nombreuses occasions, nous avons pu rire de leurs naïvetés, mais, dans des occasions plus nombreuses encore, nous avons été forcés d'applaudir à l'excellence de leurs sentiments et à la réelle bonté de leurs âmes.

C'est pourquoi j'épargnerai aux Jacobins de Provins les flétrissures impitoyables sous lesquelles le plus sévère des historiens de la révolution — j'ai nommé Taine — accable indistinctement, non seulement les Jacobins de Paris, mais avec eux toutes les sociétés populaires de la province. Condamner nos Montagnards provinois avec cette rigueur serait l'injustice même.

Pour moi, qui viens de passer huit mois dans leur intimité, qui ai reçu la confidence de leurs pensées, qui ai pris part à leurs délibérations, vécu de leur vie, je ne puis me défendre de les aimer, malgré leurs fautes.

Honnêtes gens, souvent aveuglés, mais jamais méchants, toujours prompts à faire passer l'intérêt public avant leur intérêt personnel, tels ils ont paru à mes yeux.

Je leur pardonne de bon cœur et leurs intempérances oratoires et toutes leurs fautes de grammaire ou d'orthographe, en faveur de leur enthousiasme patriotique et de leur dévouement si pur à la cause de cette révolution dont ils ont été les fermes soutiens.

ANNEXE

(Avec l'orthographe montagnarde)

Certificat de civisme

DÉPARTEMENT DE SEINE-ET-MARNE

District de } PROVINS
Municipalité de }

Sur le rapport fait au conseil général de la commission municipale provisoire de Provins par les commissaires nommés à cet effet, que le citoyen Simon-Étienne-Marie Siret, apoticaire, né le 25 décembre 1766, taille de cinq pieds et cinq pouces, cheveux et sourcils châtains, yeux bleus, bouche moyenne, nez *(illisible)*, menton rond, front large, visage plein, qui demande un certificat de civisme, a subi les trois jours d'affiche présents et qu'à la pui de sa demande sont joint la quittance de sa contribution patriotique, celle de son imposition mobilière de l'année 1792 et années antérieures, ensemble le certifficat qui atteste que le citoyen Siret n'a point été compris sur la liste des émigrés de ce département, et que ses biens n'ont pas été mis en sequestre.

La commission, ouï le procureur de la commune, certiffie sous lattestation des citoyens Pierre Malvose et Jacques Lambert, tous deux demeurant en cette ville, que ledit citoyen Siret réside dans la République depuis le 9 mars 1792 sans interruption jusqu'à ce jour. Arrête et déclare que le présent lui est délivré pour certificat de résidence de civisme conformément aux lois des 30 janvier, 5 février et 19 juin de la présente année lequel certifié a signé avec les certifiants.

Fait en la maison commune de Provins le 26° jour du 1ᵉʳ mois de l'an II de la République française une et indivisible.

  Vu au Comité révolutionnaire de Provins, ce premier mois de l'an deuxième de la République française.

Prestation du serment constitutionnel par les prêtres

Extrait du registre de la municipalité de Vieux-Maison Sainte-Colombe, canton d'Augers, du dimanche 30 janvier 1791.

L'an 1791, le dimanche 30 janvier, à l'issue de la messe, et sans sortir de l'autel, dans ses habits sacerdotaux, Edme-Estienne Saussier, prêtre, licencié en droit civil, et comme curé, et en même temps maire de cette paroisse, a en notre présence, officiers municipaux et toute la commune, prêté le serment décrété par l'Assemblée nationale en cette forme : Mes chers frères, pour vous donner l'exemple que je vous dois, soyez aujourd'hui témoins de mon obéissance à la loi. La main sur cet autel, où le Dieu de paix vient de descendre par mon ministaire *(sic)* et pour notre salut, je jure de veiller avec le plus grand soin sur les fidèles de cette paroisse qui mest confié, d'être fidèle à la nation, à la loy et au Roy et de maintenir de tout mon pouvoir la constitution décrétée par l'Assemblée nationnal et sanctionné par le

Roy, ce dont et à sa réquisition nous lui donnons ici acte pour lui servir et valloir ce que de justice et de raison. Et avons signé lesdit jour et an que dessus.

  Laplaige — Robin — Louis Vignot — Hublier *et deux illisibles.*

Je soussigné agent municipal de la commune de Vieux-Maison Sainte-Colombe, canton d'Augers, certifie que le présent extrait est entièrement conforme à l'original, en foi de quoi je lui ai délivré le présent pour lui servir et valloir ce que de justice et de raison. A Vieux-Maison, 13 nivôse an VI de la République.

         Laplaige, *agent.*

Ce que coûtait en 1791 un bal donné par la ville de Provins

Nous, maire et échevins de la ville de Provins, mandons au sieur Juris, notaire et receveur des deniers patrimoniaux et d'octrois de la dite ville, de payer sur les deniers de sa recette au sieur Tribout, marchand limonadier en cette ville, la somme de 52 livres pour le prix de 40 bouteilles de vin et de 40 douzaines de gâteaux par lui fournis pour le public au bal donné par la ville à l'occasion de la convalescence du roy, le 25 mars dernier...

Fait en l'Hôtel de Ville de Provins le 6 avril 1791.

  Provigny — Foureau — Grattery — Opoix. *et les autres.*

Nous, maire et échevins. . . . . mandons. . . . . de payer aux sieurs André, Jacques et Nicolas Bazille, François Dagneau, Vignot, Bricquet, Pierre et Jean Frou, tous musiciens de cette ville. . . . . la somme de 32 livres à raison de 4 livres chacun pour les frais de la musique du bal donné par la ville le 25 du présent mois à l'occasion de la convalescence du Roy.

Fait en l'Hôtel de Ville de Provins le 28 mars 1791.

(Les mêmes signataires.)

En observation marginale : — La dite somme payable *sans quittances*, en ce qui concerne Jacques et Nicolas Bazille, Dagneau, Vignot, Pierre et Jean Frou, *lesquels ne savent pas écrire.*

Ce que coûtait un volontaire national

État des effets fournis par la municipalité de Balloy au citoyen Louis Rousseau, volontaire national.

	livres	sols	d.
1° Un habit, veste et deux culottes...	129	8	3
2° Trois chemises.	24		
3° Un chapeau.	7		
4° Deux paires de bas.	10		
5° Deux paires de guêtres	11	8	6
6° Deux paires de souliers	18		
7° Deux cols.	2	3	3
8° Trois brosses	1		
9° Deux piques.	1		
10° Un sac de peau	18		
11° Un sac de toile	6	8	
12° Une giberne.	8		
13° Pour le compte de Rousseau, depuis le 12 mars jusques et y compris le 14 avril, soit 34 jours à quinze sols par jour	25	10	
Total	261	18	»

Cet état s'applique à tous les volontaires nationaux.

Comité des subsistances

DÉPARTEMENT DE SEINE-ET-MARNE

Administration municipale de Provins

Extrait de la loi du 22 brumaire an IV qui ordonne le prélèvement de deux cent cinquante mille quintaux de grains en nature, à compte de la contribution foncière.

ARTICLE 5.

Tout contribuable en retard de fournir son contingent sera mis en arrestation par le juge de paix du canton sur l'indication de l'agent ou des officiers municipaux et puni d'un emprisonnement de six mois et de la confiscation de ses grains battus et non battus.

Pour extrait,
CURÉ.

Nous, membres de l'administration municipale de Provins, en exécution de la loy du 22 brumaire dernier et en vertu des ordres qui nous ont été adressés par le département de Seine-et-Marne et le citoyen Léonard Bourdon, commissaire du gouvernement en cette partie, sommons au nom de la loy le citoyen *Michaud*, fermier et meunier du moulin Ayoul, de fournir et livrer au magasin national établi en cette commune maison de la ci-devant congrégation, et ce sous trois jours pour tout délai, la quantité de quinze quintaux de grains...

Déclarons audit citoyen Michaud que, faute d'obéissance à la présente sommation, il sera puni des peines prononcées par les articles 5 et 6 de la loy.

Fait en administration municipale le 4 frimaire an IV de la République.

PICON — ROUSSELET — COLIN.

TABLE

DES CHOSES LES PLUS CURIEUSES

1791

Législation originale contre le duel (23 janvier). . . .	14
Cérémonie en l'honneur de Mirabeau (14 avril). . . .	18
Projet de suppression de l'armée (11 mai).	19
Projet de suppression des officiers (25 mai)	20
L'évêque Thuin à Provins (29 mai).	21
Les cendres de Voltaire (6 juillet)	24

1792

Règlement de la Société (10 juin)	34
Pierre Désert (29 juillet).	43
Christophe Opoix, député; son discours (13 septembre).	45

1793

Affaire Brésager, professeur du collège (28 juillet) . .	63
Lettre de la municipalité à la Société (1ᵉʳ septembre). .	67
Lettre du district à la Société (8 septembre).	72
Chanson patriotique de Pastelot (24 septembre). . . .	76
Réquisitoire de la Société contre la municipalité, contre Charlet (27 septembre).	78
Dubouchet, représentant du peuple (3 octobre). . . .	87

Garnier, représentant du peuple (16 octobre). 108
Changements de noms de rues (17 octobre) 111
Dons volontaires (18 octobre) 113
Lettres des citoyennes Bellanger, Michaud, Thoré
    (22 octobre). 119
Autres changements de noms de rues (25 octobre) . . 121
Le curé Pichon (10 novembre) 129
Camus, représentant du peuple (22 novembre). . . . 133
La citoyenne Dallé (24 novembre) 137
La Société change de nom (7 décembre). 146
Les détenus (7 décembre). 147
L'Épître au Pape (17 décembre) 152
Bellanger donne sa pièce de mariage (20 décembre). . 156
Auguste Arnoul, canonnier (25 décembre) 163

1794

Discours pour les chaussures (2 janvier). 171
Nicolas-Victor Arnoul (6 janvier). 173
Départ des volontaires (24 janvier). 177
Claude Boyer (24 janvier) 181
Le drapeau offert par les Provinoises (24 janvier). . . 181
Le cavalier n° 1 (27 janvier) 184
Belle-Joyeuse songe aux pauvres du fond de sa prison
    (29 janvier). 185
Discours amusant contre les garennes (29 janvier). . . 186
Maure, représentant du peuple (11 février) 189
Le cavalier n° 2 (21 février). 194
Charlet (26 février) 194
Questionnaire pour les candidats (26 février). 196
École de salpêtriers à Provins (2 mars) 200
Nombre des membres, cotisation (7 mars). 202
Michelin se lave d'une accusation (10 mars) 203
Le cavalier n° 3 (23 mars) 206
Provins a bien mérité de la patrie (27 mars). 207

TABLE DES CHOSES LES PLUS CURIEUSES 309

Défrichement en musique (27 mars)	209
Cimetières de Provins (12 avril)	216
Canal de Provins (15 avril)	217
Bibliothèque de Provins (22 avril)	217
Le cavalier n° 4 (26 avril)	218
Pour aller au bois (2 mai)	221
Le cavalier n° 5 (2 mai)	223
Bellanger et le salpêtre (12 mai)	225
Fête des collégiens; Barra (19 mai)	227
Fondation d'une école de filles (26 mai)	229
Fête de l'Être Suprême (26 mai)	229
Le cavalier n° 6 (25 juin)	231
Une héroïne (25 juin)	231
Prise de Charleroi (28 juin)	232
La citoyenne Labille (1er juillet)	233
Victoire de Fleurus (1er juillet)	234
La citoyenne Tavernier (11 juillet)	237
Un hôpital militaire à Provins (18 juillet)	240
Destruction de la porte Changis (18 juillet)	240
La moisson par tous (21 juillet)	241
Le canal de Provins (21 juillet)	241
Charriot bibliothécaire (21 juillet)	242
La chute de Robespierre (30 juillet)	245
Mort de Guillard (4 août)	245
La citoyenne Tavernier (4 août)	246
Bellanger et le salpêtre (6 août)	247
Maure, représentant du peuple (13 août)	247
Vaisseau l'*Agricole* (20 août)	250
Cinquième sans-culottide (24 septembre)	255
Une batteuse avant la lettre (28 septembre)	257
Soulèvement des boulangers (11 octobre)	258
Changement de nom de la Société (18 octobre)	261
Doyen, ex-général (30 novembre)	263
Provins dénoncé (30 novembre)	264

Avoir de la Société (10 décembre) 267
Chanson patriotique, par C. Opoix (15 décembre). . . 267

1795

Les cimetières (9 janvier). 271
Juel Desjardins (9 janvier) 272
Hymne à la Pudeur, par C. Opoix (19 janvier). . . . 275
Pour les pauvres (21 janvier) 278
Création d'une société dramatique (29 janvier) 280
Suppression du buste de Marat! (13 février). 282
Lequinio, représentant du peuple (18 février). 283
Épuration générale (5 mars). 285
Lettre du maçon Juin (20 mars). 286
Affaires Colmet et Lambert (30 mars). 288

Conclusion 293

Annexe 301

Achevé d'imprimer

le dix-sept août mil neuf cent huit

PAR

ALPHONSE LEMERRE

6, RUE DES BERGERS, 6

A PARIS

o. — 4799.

LIBRAIRIE ALPHONSE LEMERRE

DERNIÈRES PUBLICATIONS

Volumes in-18 jésus. Chaque volume : 3 fr. 50

Mme ADAM (Juliette Lamber)	Mes angoisses et nos luttes (1871-1873)	1 vol.
BARBEY D'AUREVILLY	Femmes et Moralistes	1 vol.
LÉON BARRY	Amicitiæ Sacrum	1 vol.
ADRIEN BERNHEIM	Trente ans de Théâtre	1 vol.
ÉMILE BLÉMONT	Artistes et Penseurs	1 vol.
MARIE ANNE DE BOVET	Après le Divorce	1 vol.
— —	La Jolie Princesse	1 vol.
LOUIS DÉMONTS	Le petit Jardin de Dame Morel	1 vol.
GAUTHIER FERRIÈRES	Gérard de Nerval	1 vol.
MAXIME FORMONT	Le Risque	1 vol.
L. DE GAIGNERON	Le Bélier	1 vol.
MAURICE GRIVEAU	Histoires d'Art	1 vol.
J.-M. DE HEREDIA	Les Trophées	1 vol.
ABEL HERMANT	La Discorde	1 vol.
—	Les Affranchis	1 vol.
PAUL HERVIEU	Le Réveil. — L'Énigme	1 vol.
MICHEL JACQUEMIN	Sous les Oliviers	1 vol.
EUGÈNE JOLICLERC	Les Enchaînés	1 vol.
DANIEL LESUEUR	Le Fils de l'Amant	1 vol.
—	Madame l'Ambassadrice	1 vol.
MAURICE MAINDRON	Dans l'Inde du Sud	1 vol.
RENÉ MAIZEROY	La Remplaçante	1 vol.
—	La Glorita, fille et marquise	1 vol.
PAUL MARABAIL	Le Secret du Sphinx	1 vol.
MAURICE MONTÉGUT	Le Roi sans Trône	1 vol.
—	Les Cadets de l'Impératrice	1 vol.
A. DE MUSSET	Poésies. Édit. illustrée	2 vol.
—	Comédies. Édit. illustrée	3 vol.
—	La Confession d'un Enfant du siècle. Édit. illustrée	1 vol.
OSSIT	Cyrène	1 vol.
HARDY DE PÉRINI	Madame de Villepreux	1 vol.
MARCEL PRÉVOST	Monsieur et Madame Moloch	1 vol.
—	Femmes	1 vol.
—	La Fausse Bourgeoise	1 vol.
A. DE SAINT-GERMAIN	L'Aimant	1 vol.
REMY SAINT-MAURICE	Les Ressuscitées	1 vol.
ALBERT-ÉMILE SOREL	L'Offrande	1 vol.
ANDRÉ THEURIET	Les Revenants	1 vol.
—	Colette	1 vol.
RENÉE D'ULMÈS	L'Ombre du Soir	1 vol.
CAMILLE VERGNIOL	La Chute de l'Aigle	1 vol.

Paris. — Imp. A. LEMERRE, 6, rue des Bergers. — 0.-479).

www.ingramcontent.com/pod-product-compliance
Lightning Source LLC
Chambersburg PA
CBHW070629160426
43194CB00009B/1412